Soami Divyanand

Al-Fātiḥa

Koranische Offenbarung als Weg zu Gott

Al-Fātiḥa

Koranische Offenbarung als Weg zu Gott

von Soami Divyanand

Divyanand Verlags-GmbH

Sägestr. 37
7881 Herrischried
West Germany

Copyright © 1991 Divyanand Verlags-GmbH

ISBN 3-926696-35-4

Alle Rechte, auch die des auszugsweisen Nachdrucks
und der fotomechanischen Wiedergabe vorbehalten

Soami Divyanand

*Dem Allmächtigen Gott gewidmet,
der durch alle Meister wirkt,
die in die Welt kamen,
und Sant Kirpal Singh Ji Maharaj,
zu dessen Lotusfüßen der Verfasser
das liebliche Elixier des heiligen Naam
– des Wortes – getrunken hat.*

Inhalt

Einleitung: Was ist Al-Fātiḥa? 1
I. Bismi'llāhi'rraḥmāni'rraḥīm 17
II. Al-Ḥamdulillah ir-Rabbil al-'Āmīn 39
III. Ar-Raḥmān Ir-Raḥīm 55
IV. Mālike Yaum-id-Dīn 66
V. Iyyaka na'budu wa Iyyaka nasta'īn 79
VI. Ihdinas Sirāt'al-Mustaqīm 93
VII. Ṣirāt-alladhīn An'amta 'Alaihim 115
VIII. Ghairi'l Maghḍūbi 'alaihim wa-lā D-dāllīn 131
Schlußbetrachtung 151

Einleitung

Was ist Al-Fātiḥa?

Als *Sūra Al-Fātiḥa* wird das erste Kapitel des Korans bezeichnet, dem im islamischen Glauben eine besondere Bedeutung beigemessen wird. Die Offenbarungen, die der heilige Prophet des Islam, Mohammed, etwa von seinem vierzigsten Lebensjahr (um 610) bis kurz vor seinem Tod (632) empfing und die er an seine Anhänger weitergab, wurden in 114 *Sūras* oder Kapiteln zusammengestellt. Die jetzige Reihenfolge der Suren entspricht nicht der chronologischen Folge der Offenbarungen, sondern sie sind in absteigender Länge geordnet: die längsten Suren stehen am Anfang des Korans, die kürzesten am Schluß – mit Ausnahme dieser besonderen Sure *Al-Fātiḥa*, welche sieben Verse umfaßt und entgegen dem Ordnungsprinzip am Anfang des Korans steht. Zahlreiche Quellen belegen, daß *Al-Fātiḥa* zu den frühesten Offenbarungen an Mohammed gehört, daß sie also in die erste Periode seines Wirkens in Mekka fällt. Der Göttinger Islamgelehrte Theodor Nöldeke stellte um 1860 in seinen bahnbrechenden Forschungen zur chronologischen Reihenfolge der koranischen Texte fest, daß *Al-Fātiḥa* in der ersten mekkanischen Periode entstand, und setzte sie an 48. Stelle. Nach der Kairoer Schule dagegen, die die siebenversige Sure ebenfalls der frühen mekkanischen Periode zuordnete, stellt *Al-Fātiḥa* die fünfte Offenbarung überhaupt an den Propheten Mohammed dar. Alle sind sich jedoch darin einig, daß diese Sure dem Propheten sehr früh schon in Mekka offenbart wurde.

Einigen Überlieferungen zufolge wurde dieses Kapitel ein zweites Mal offenbart, und zwar in Medina – eine Behauptung, für die es jedoch keinerlei fundierte Argumente gibt. Der Koran ist eine heilige Schrift, deren Teile sämtlich auf göttliche Offenbarung zurückgehen, und Gott, der weder seinen Offenbarungen etwas hinzufügt noch sie vergißt, braucht einen heiligen Text, über den es keine Unklarheiten gibt, nicht zweimal in derselben Form zu offenbaren.

Diese Sure enthält in knappster Formulierung die wichtigsten, grundlegenden Lehren des Korans, weshalb sie eine Sonderstellung genießt und den übrigen Suren des Korans vorangestellt wird und nicht, wie man aufgrund des Ordnungsprinzips erwarten müßte, bei den anderen, kurzen Suren am Schluß steht. Der erste Vers von *Al-Fātiḥa* wird vor jedem anderen Kapitel des Korans wiederholt, mit Ausnahme des neunten Kapitels. Der heilige Prophet des Islam, Mohammed, soll selbst gesagt haben, daß *Al-Fātiḥa* das wichtigste Kapitel des ganzen Koran sei (Bukhārī), und gab dem allerersten Vers, der heute als die *Bismilla* oder *Basmala* bekannt ist, höchste Bedeutung. Der Überlieferung zufolge lehrte er seine Anhänger, daß jede noch so große Leistung oder Aufgabe, die ohne *Bismilla* vollbracht werde, den Segen Gottes nicht habe. *Bismilla* bedeutet "mit der manifesten Form (dem 'Namen') Gottes", und wenn eine wichtige Handlung ohne die Anleitung und Führung durch göttliche Offenbarung durchgeführt wird, so wird sie ohne den Segen Gottes bleiben und die entsprechenden Folgen haben. Gott gewährt den Menschen seine Führung stets auf dem Wege seiner Offenbarungen, weshalb der Prophet seinen Anhängern einschärft, sie sollten keine wichtige Arbeit unternehmen, ohne sich vorher der offenbarten Führung und der segensreichen Ausstrahlung Gottes zu versichern.

Von Anfang an war die Sure *Al-Fātiḥa* Bestandteil des täglichen Gebets der muslimischen Gemeinschaft; sie wird in jedem *Raka'a* der fünf täglichen Andachten sowie jedes zusätzlichen Gebets wiederholt. Dies mag darauf zurückzuführen sein, daß die Lehren der Eröffnungssure dem Gläubigen stets in Erinnerung sein sollten. Das ganze Kapitel vermittelt die Botschaft, daß Religion auf göttlichen Offenbarungen beruht und daß man Religion praktiziert, indem man die Offenbarungen Gottes im Innern empfängt. Nach dem Tod des Propheten verloren seine Anhänger mit der Zeit die zentrale Bedeutung von Offenbarung für jede wahre religiöse Praxis aus den Augen, und im Zuge der Organisierung der islamischen Gemeinde zu einer festumrissenen Gemeinschaft mit eigener Identität wurde dieses ursprünglich grundlegende Prinzip des Islam völlig umgangen. In weiser Voraussicht hob der Prophet Mohammed die Sure *Al-Fātiḥa* als Inbegriff der göttlichen Lehren und des wahren Gebets mit besonderer Eindringlichkeit hervor, um dieser Neigung des menschlichen Herzens zur Vergeßlichkeit und Selbstbehauptung entgegenzuwirken und seinen Schülern die Wichtigkeit von göttlicher Offenbarung einzuprägen.

Fātiḥat al-Kitāb

Die erste Sure des Korans, welche von Muslimen hoch verehrt und intensiv studiert wird, trägt eine Reihe von Namen und Titeln. Die erste und bekannteste Bezeichnung ist *Fātiḥat al-Kitāb,* "die Eröffnung der Schrift", und damit ist gemeint, daß hierin der Anfang der göttlichen Weisheit liegt. Wie wir aufgrund der prophetischen Zeugnisse wissen, nimmt die Seele den Pfad der Religion erst dann wahrhaft auf, wenn sie von Gott Offenbarungen empfängt. Der Begriff "Religion" bedeutet die Wiederverbindung der individuellen Seele mit ihrem göttlichen Ursprung, wie aus dem Wort selbst herzuleiten ist: *re-* bedeutet im Lateinischen "zurück, wieder", und *ligare* bedeutet "binden". Gott ist die Quelle, der Ursprung der Seele, und wenn sie wieder mit ihm in Verbindung tritt, um schließlich in ihm aufzugehen, dann handelt es sich um Religion im eigentlichen Sinne des Wortes. Durch den Empfang göttlicher Offenbarungen kann der Mensch bereits bei Lebzeiten Gott begegnen, und das ist der Anfang aller Religion. Alle anderen Tätigkeiten, die vorgeblich zur Religionspraxis gehören aber ohne die innere Verbindung mit Gott durch seine Offenbarungen vollzogen werden, wie etwa das Studium der heiligen Schrift, Gebet, Almosen, Fasten u.ä., dienen lediglich der Vorbereitung des Bodens für die Religionspraxis.

Viele Muslime sind der Auffassung, die Wichtigkeit der Sure *Al-Fātiḥa* bestehe darin, daß sie den Anfang ihrer heiligen Schrift, des Korans, bildet, weshalb man die *Bismillah* vor Inangriffnahme jeder Arbeit wiederholen solle. Aus der Text- und Quellenforschung geht jedoch unumstritten hervor, daß diese Sure keineswegs den Auftakt der göttlichen Offenbarung an Mohammed darstellt. Wenn es aus der Sicht Gottes so wichtig wäre, daß jede Arbeit mit der Wiederholung dieser Worte beginnen soll, so wären sie als erste dem heiligen Propheten Mohammed offenbart worden. Vielmehr liegt die Bedeutung der Sure *Al-Fātiḥa* in ihrer fundamentalen Aussage, daß göttliche Offenbarungen der Schlüssel zum Verständnis des Korans und der heiligen Gebote Gottes sind. Der Mensch, der zu Gott zurückkehren will, muß als Voraussetzung für die erfolgreiche "Reise" seiner Seele zu Gott selbst Offenbarungen von Gott empfangen, um die göttlichen Lehren des Korans richtig zu verstehen und zu befolgen. Aus diesem Grunde wird der erste Vers von *Al-Fātiḥa* – "Im Namen (d.i. in der manifestierten Form) Gottes des Allbarmherzigen, des Allgnädigen" – vor den anderen Suren wiederholt: dies erinnert den Leser daran, daß er die ihm vorliegende Sure völlig verstehen wird, wenn er selbst entsprechende Offenbarungen und Inspiration von Gott empfängt.

Unter Muslimen ist die Auffassung häufig anzutreffen, daß die Johannes-Offenbarung der Bibel einen Hinweis auf die Offenbarung der Sure *Al-Fātiḥa* gibt. Dort heißt es nämlich: *"Und ich sah einen anderen gewaltigen Engel aus dem Himmel herabsteigen ... und in seiner Hand hatte er ein aufgeschlagenes Büchlein"* (Offb. 10,1-2). Das hebräische Wort für "offen, aufgeschlagen" ist *fatoaḥ*, welches mit dem arabischen *fātiḥa* eng verwandt ist. Daraus wird gefolgert, daß Johannes in seiner Vision die Offenbarung der koranischen Sure *al-Fātiḥa* vorausgesehen hat. Gott übermittelt seine Botschaften jedoch stets auf dem Wege der Offenbarung – sie (und nicht die heiligen Schriften) sind für den Menschen der einzige Zugang zur göttlichen Weisheit. Die Vision an den Heiligen Johannes betraf nicht die Übermittlung von *al-Fātiḥa* an den Propheten Mohammed, sondern macht deutlich, daß die zuverlässige Führung und Weisheit Gottes dem Menschen durch die Botendienste der Engel zuteil werden. In jeder göttlichen Offenbarung und in jeder heiligen Schrift wird erwähnt, daß der Mensch nur durch die Engel teil an der Weisheit Gottes haben kann und dann wahres Wissen um das ewig gültige Gesetz Gottes hat.

Das arabische Verb *fataḥa,* von dem sich der gängige Name der Sure *Al-Fātiḥa* ableitet, bedeutet "öffnen, eröffnen, offenbaren, geben", sodann "den Sieg geben, erlösen, Erlösung geben"; und davon werden abgeleitet *fatḥ* mit der Bedeutung "Sieg, Befreiung, Erlösung" und *fātiḥ* mit der Bedeutung "der Erlöser, derjenige, der eröffnet". All diese Bedeutungsnuancen sagen etwas über die Botschaft dieser ersten Sure des Korans aus: Göttliche Offenbarung verhilft zum Sieg über die weltlichen Leidenschaften, eröffnet die Schatztruhe der verborgenen göttlichen Weisheit und führt zur Erlösung, zur Heimkehr zu Gott.

Der Titel *Fātiḥat al-Kitāb* wurde in späteren Zeiten abgekürzt zu *Sūra Al-Fātiḥa* oder einfach *Al-Fātiḥa*. Mit diesem Wissen dürfte nun klar geworden sein, daß der Name der Sure *Al-Fātiḥa* sich nicht auf die Tatsache bezieht, daß diese Sure am Anfang des Korans steht, sondern auf das zentrale Prinzip der Religion, daß göttliche Offenbarungen am Anfang der Erkenntnis der göttlichen Weisheit stehen und daß wir ohne sie weder die göttliche Weisheit noch den Koran als heilige Schrift verstehen können.

Al-Ḥamd

Ein weiterer Name der Eröffnungssure des Korans ist *Al-Ḥamd,* und *ḥamd* bedeutet "Lobpreis, Vorzüglichkeit". Diese Bezeichnung von *Al-Fātiḥa* macht klar, daß der Mensch die Vorzüglichkeit und Attribute Gottes nur dann erkennen und angemessen preisen kann, wenn er Gott in seinen manifesten Offenbarungsformen begegnet. Unverzerrtes, wahrheitsgemäßes Wissen um Gottes Attribute ist nur mit Hilfe seiner Offenbarungen möglich. Sant Kirpal Singh pflegte zu sagen, daß wir nur durch göttliche Offenbarungen das rechte Verständnis von der göttlichen Weisheit haben können. Alles andere entspringt unserem eigenen Denken und unserer eigenen Phantasie, ist also dem Bereich der Spekulation zuzuweisen. Mit Hilfe unserer Vernunft allein können wir nichts von den Attributen Gottes wissen und können auch nicht davon überzeugt sein; wir werden heute daran glauben und morgen schon nicht mehr, und so werden wir stets in unserem Glauben an die Erhabenheit Gottes schwanken. Die Offenbarungen, die Gott der Seele gewährt, entfalten in ihr selbst die Attribute Gottes. Ja, die spürbare Führung Gottes im entscheidenden Moment kann einen Menschen für den Rest seines Lebens von der Gnade und Güte Gottes völlig überzeugen. Die Beschreibungen, die in den heiligen Schriften von den Offenbarungen Gottes gegeben werden, haben wenig oder gar keine Überzeugungskraft, wenn sie nicht von selbst erlebten Offenbarungen bekräftigt werden. Die Sure *Al-Fātiḥa* bestätigt, daß die Offenbarungen Gottes seine

Attribute erkennbar machen. Das "Lobpreisen" Gottes und seiner Attribute ist also erst dann möglich, wenn der Mensch sie durch Offenbarung erkannt hat.

Umm al-Qur'ān

Die Sure *Al-Fātiḥa* ist auch als *Umm al-Qur'ān*, als "Mutter des Koran" oder "Essenz des Koran" bezeichnet worden. Sie enthält in ihren sieben Versen die Essenz des ganzen Koran: sie erklärt, daß die göttlichen Offenbarungen die Attribute Gottes erkennbar machen, den Menschen auf den geraden, direkten Pfad zu Gott führen, zur Zeit des Todes für die Seele eintreten, die Seele zu Gott hin wenden und ihr Führung auf dem ewig segensreichen Pfad gewähren. Wenn wir diesen Weg der göttlichen Offenbarungen tatsächlich in der Praxis befolgen, erlangen wir das rechte Verstehen des Korans, des offenbarten Wissens Gottes.

Weil die Menschen mit der Erfahrung der Manifestationen Gottes, zu der diese Sure anhält, vollständige und umfassende Kenntnis der göttlichen Weisheit erlangen können, wird diese Sure also als "Mutter" des offenbarten göttlichen Wissens bezeichnet. Der Koran als konkrete, irdische Schrift gibt zuverlässige Hinweise in bezug auf die Wissenschaft der Spiritualität und vermittelt daneben auch Wissen im Bereich anderer Wissenschaften, die uns in unserem spirituellen Streben von Nutzen sind. Es gibt zweierlei Gesetze: das Gesetz der jenseitigen Welt oder das göttliche Gesetz, welches die Religion betrifft, und das Gesetz der materiellen Welt. Gott vermittelt uns durch seine Offenbarungen das göttliche Gesetz für unser spirituelles Wohl, und dem anderen Wissen um die gesetzmäßigen Zusammenhänge der Welt, welches von den Wissenschaftlern so eifrig mit aufwendigen Experimenten und langwierigen Schlußfolgerungen gesammelt wird, kommt dabei eine lediglich unterstützende, dienende Funktion zu: das Wissen um die Dinge der Welt ist kein Zweck in sich, sondern soll uns helfen, die Wissenschaft der Spiritualität in unserem Leben umzusetzen. Welche Erkenntnisse auch immer wir aus den Versen des Koran beziehen, sie haben den Zweck, unseren Fortschritt auf dem Pfad der Spiritualität zu sichern. Die Ansicht ist weit verbreitet, daß der Koran Einsichten aus verschiedenen Wissenschaften – Soziologie, Physik, Medizin, Astronomie – vermittelt. Das mag sein, dieses Wissen muß aber richtig eingeordnet werden, muß den richtigen Stellenwert erhalten: Gott gewährt seine Offenbarungen nicht, damit die Menschheit im Bereich des Materiellen Fortschritte macht, sondern er gewährt das Wissen aus den verschiedenen Wissenschaftsbereichen *um des spirituellen Fortschritts der Menschen willen*. Der materielle Fortschritt sollte eine Hilfe für den spirituellen Fortschritt sein.

Umm al-Kitāb

Die erste Sure des Koran heißt auch *Umm al-Kitāb,* die Mutter der Schrift oder Mutter der göttlichen Erkenntnis, denn sie enthält den entscheidenden Hinweis dafür, wie der Mensch göttliche Erkenntnis und die Essenz der göttlichen Lehren empfangen kann. Dieser Titel kommt ihr zu, weil sie in dichtgedrängter Form alle Lehren in bezug auf das ganze Feld der Spiritualität enthält. In der Tat kann ein Gottsucher, wie die Sure *Al-Fātiḥa* sagt, sein Ziel nur dadurch erreichen, daß er die Offenbarungen Gottes im Innern aufnimmt, die mit göttlicher Weisheit vollgeladen sind. Es gibt kein Buch und keine heilige Schrift auf Erden, welches diese Führungsaufgabe der göttlichen Offenbarungen übernehmen könnte. Der Titel *Umm al-Kitāb* kommt der ersten Sure auch deshalb zu, weil sie auf so umfassende Weise die spirituellen Bedürfnisse des Menschen behandelt. Der Mensch ist auf die Erkenntnis des Göttlichen Wesens und dessen Attribute, sowie auf die Wegweisung Gottes angewiesen. Auch verlangt es ihn, den Willen und die Gunst Gottes durch seine Gebote zu erfahren, deren Bedeutung ihm durch göttliche Offenbarungen erschlossen wird. Das spirituelle Verlangen des Menschen macht es erforderlich, daß er von Gott geführt wird, und das ist nur durch Offenbarungen von Gott zu bewerkstelligen. Die Sure *Al-Fātiḥa* geht auf alle diese Bedürfnisse ein. Außerdem bezaubert sie geradezu den Zuhörer mit der Schönheit ihres Stils und der Kraft ihrer Darlegung von der Bedeutung göttlicher Offenbarung für des Menschen spirituellen Durst.

Al-Ṣalāt

Ein weiterer Name für die erste Sure, *Al-Ṣalāt* (das Gebet), bezieht sich darauf, daß die dort beschriebene Erfahrung göttlicher Offenbarungen vollkommenes Gebet oder vollkommene Anbetung ist. Da die Menschen sehr leicht und sehr schnell den richtigen Pfad der Religion vergessen, der im wiederholten bzw. ständigen Empfang der Offenbarungen Gottes besteht, sind diese sieben Verse von *Al-Fātiḥa* in die fünf täglichen Gebete integriert worden, um sie immer wieder daran zu erinnern. Was für ein merkwürdiger Widerspruch zwischen Worten und Handlung ist es doch, daß die Menschen einerseits im Gebet und in der Wiederholung der Sure *Al-Fātiḥa* die Wichtigkeit göttlicher Offenbarung beteuern und andererseits göttliche Offenbarungen für sich und andere "normale" Menschen hier und heute ablehnen, ja, leugnen. Wie in den folgenden Kapiteln zu zeigen ist, wird an vielen Stellen des Korans hervorgehoben, daß die Aufnahme göttlicher Offenbarungen im Innern die wahre Anbetung ist.

Al-Sabʿ al-Mathānī

Der nächste Name der Eröffnungssure, *Al-Sabʿ al-Mathānī* ("die sieben Oft-wiederholten"), bedeutet, daß die göttlichen Offenbarungen sich in der Meditation oft wiederholen. Zahlreiche Verse des Koran besagen, daß Gott sich den Menschen mittels seiner Offenbarungen immer wieder in Erinnerung ruft. Die häufige Wiederholung von Gottes Offenbarungen, so oft und wann wir sie benötigen, dient dem Zweck, unser verzerrtes, fehlerhaftes Verständnis des göttlichen Gesetzes und der heiligen Schrift zu korrigieren. Gott offenbarte sich in der Vergangenheit in denselben Formen, wie er sich heute den Menschen offenbart und dies in ferner Zukunft noch tun wird. Die Wegweisung und Weisheit Gottes erhalten wir auf dem Wege der Offenbarung, und zwar sooft wir sie benötigen. Die Bezeichnung *Al-Sab' al-Mathānī* bezieht sich nicht, wie oft angenommen wird, auf die wiederholte Offenbarung dieser sieben Verse, wie sie im Text stehen, denn Gott wiederholt in seinen Offenbarungen nicht etwa den Text einer unklaren und daher erklärungsbedürftigen Stelle der heiligen Schrift. Vielmehr manifestiert er sich der Seele immer wieder in seinen heiligen Formen, die jenseits von Denken und Sprache liegen. Die sprachliche Formulierung der göttlichen Botschaft und Beschreibung seiner spirituellen Erfahrungen obliegt danach dem Propheten oder Gesandten Gottes. Die Wiederholung der sieben Verse von *Al-Fātiḥa* im täglichen Gebet ist zwar vom heiligen Propheten vorgesehen, sollte aber niemals den Platz der tatsächlichen und wiederholten Erfahrung göttlicher Offenbarungen einnehmen und letztere verdrängen, was jedoch nach dem Hinscheiden des heiligen Propheten geschehen ist, da unter seinen angeblichen Nachfolgern niemand die göttliche Vollmacht besaß, anderen die Verbindung mit Gottes Manifestationen im Innern zu gewähren.

Al-Shifā

Der nächste Name für *Al-Fātiḥa*, den wir erwähnen und besprechen wollen, ist *Al-Shifā,* die "Heilung". Dies bedeutet, daß die göttlichen Offenbarungen, die der Prophet Mohammed seinen Anhängern so sehr ans Herz legt, das Heilmittel sind für alle Zweifel und Mißverständnisse in bezug auf die Lehren der heiligen Schrift. Eine Sure als solche dagegen vermag Zweifel nicht zu beheben. Es ist eine ganz normale Gewohnheit der menschlichen Vernunft, die Richtigkeit der heiligen Schrift (wie jeder anderen Schrift) in Zweifel zu ziehen. So heißt es in Sure 2:23:

> *Und wenn ihr hinsichtlich dessen, was Wir auf Unseren Diener als Offenbarung herabgesandt haben, im Zweifel seid, dann bringt doch eine Sure gleicher Art bei und ruft, wenn ihr die Wahrheit sagt, Zeugen nach eurem Belieben, außer Allah, an!*

Die Propheten stellen sich, wie dieser Vers zeigt, auf die Zweifel ihrer Zuhörer an die Lehren der heiligen Schriften ein und zeigen ihnen den einzigen zuverlässigen Weg, wie sie davon frei werden: das rechte, klare Verständnis der heiligen Schriften entfaltet sich mit der wiederholten Erfahrung von Gottes Offenbarungen. Darüber hinaus beseitigen die Offenbarungen Gottes alle boshaften und feindseligen Gemütsregungen und Gedanken und läutern die Seele – ein weiterer Grund für die Bezeichnung *Al-Shifā*. In den Veden gibt es, nebenbei bemerkt, eine entsprechende Bezeichnung für die göttlichen Offenbarungen: *oashdhi*, das heißt "Heilmittel, Medikament". In diesem Zusammenhang ist auch die Tatsache zu sehen, daß eine ganze Sure des Koran' (31) den legendären Weisen und Arzt *Luqman* zum Hauptthema hat und die heilsamen Attribute der göttlichen Offenbarungen beschreibt.

Al-Ruqya
Die nächste Bezeichnung von *Al-Fātiḥa* – *Al-Ruqya* – bedeutet "Talisman, Schutzamulett" und bezieht sich darauf, daß die göttlichen

Offenbarungen nicht nur das Mittel zur wahren Anbetung Gottes sind, sondern die bösen Gemütsregungen der Gläubigen überwachen und die Gläubigen so vor den Fängen des Satan beschützen. Den Offenbarungsformen Gottes wohnt eine intensiv reinigende Kraft inne, die alles feindselige Denken und Fühlen vernichtet und das menschliche Herz gegen negative Gedanken, materielle Gier und Versuchung stählt. Die göttlichen Offenbarungen sind in sich bezaubernd, sie sind voller Inspiration und lenken und führen die Gläubigen, wann immer sie ihrer bedürfen. Darin besteht der hier angesprochene "Schutz" vor dem Teufel.

Al-Kanz
Die Bezeichnung *Al-Kanz* bedeutet "Schatz". Die Offenbarungen, die von Gott ausgehen, füllen den Gläubigen nämlich mit dem Schatz der göttlichen Attribute. Die Gebote und Wegweisung Gottes sind ein Schatz, doch gelangen wir nur dann wirklich in Besitz von ihnen, wenn wir sie mit Hilfe der Offenbarungen Gottes verstehen. – Alle diese und auch die hier nicht besprochenen Namen der Sure *Al-Fātiḥa* geben Aufschluß über Rolle und Eigenschaften der göttlichen Offenbarungen, von denen sie ein Zeugnis ist.

Was bedeutet das Wort *Sūra?* Das arabische Wort hat mehrere Bedeutungsnuancen: erstens, Rang und Ansehen; zweitens, Merkmal oder Zeichen; drittens, ein hohes und schönes Gebäude oder Gefüge; und viertens, vollständiges und vollkommenes Wissen. Die Kapitel oder Suren des Korans geben die "Zeichen" oder Offenbarungen Gottes wieder und vermitteln in sprachlicher Form das vollkommene Wissen um den Pfad zu Gott. Wo auch immer es Zweifel oder Unklarheit über die Aussage eines Kapitels gibt, wird dieser Punkt durch eine weitere Offenbarung, die in einem anderen Kapitel beschrieben wird, geklärt und bestätigt. Letztendlich kann es keine

Zweifel an der Richtigkeit des göttlichen Gesetzes geben. – Die einzelnen Suren des Korans beschreiben jeweils die Offenbarungen an den heiligen Propheten Mohammed, die zu einem bestimmten Hauptthema in Beziehung stehen; das Hauptthema wird (ähnlich wie das *devta* oder Thema der vedischen Hymnen) durch den Namen der Sure angezeigt. Das Thema des ersten Kapitels des Korans ist die Wichtigkeit der Offenbarungen Gottes; es enthält damit die Summe oder Essenz der koranischen Belehrung. Die Sure *Al-Fātiḥa* liefert den Schlüssel zum richtigen Verständnis des gesamten Koran. *Al-Fātiḥa* (und im besonderen die fast jeder weiteren Sure vorangestellte *Bismilla*) erinnert daran, daß göttliche Offenbarungen die unerläßliche Voraussetzung für das rechte Verstehen des göttlichen Gesetzes sind. Sie beschreibt die Attribute Gottes und die Rolle, die der göttlichen Offenbarung beim Erkennen dieser Attribute und beim Verfolgen dieses Pfades zukommt. Sie betont die zeitlose Gültigkeit des göttlichen Gesetzes, welches der Menschheit in der Vergangenheit, der Gegenwart und in der Zukunft einen geraden und segensreichen Weg vorgibt. Sie warnt diejenigen, die die "Zeichen" oder Offenbarungen Gottes leugnen und deshalb in die Irre gehen, vor dem Zorn Gottes. *Al-Fātiḥa* lehrt, daß Gottes Offenbarungen uns Menschen auf den Weg zu Gott führen und zur Ergebung in seinen Willen bewegen – welches im Mittelpunkt der Religion des *'Ibādah* (d.i. Anbetung) und *'Islām* (Gottergebenheit) steht.

Es gibt, wie bereits erwähnt, zwei Arten von Gesetz: das eine Gesetz gibt dem Menschen Anhaltspunkte für die Erfüllung seiner weltlichen Pflichten und vermittelt die sozialen, zwischenmenschlichen "Spielregeln". Und das andere Gesetz hilft dem Menschen, auf dem spirituellen Pfad zu seinem Ziel in Gott zu gelangen. Das erstgenannte Gesetz ist das Naturgesetz, die Wissenschaft von dieser Welt, und steht in Beziehung zum materiellen Fortschritt des Menschen. Dieses Naturgesetz wird nicht direkt als solches von Gott offenbart, da es nicht auf den spirituellen Fortschritt des Menschen abzielt. Der materielle Fortschritt des Menschen trägt nur indirekt zu seinem spirituellen Fortschritt bei. Es ist wichtig, diese Rangordnung klar zu erkennen. In der Bibel, zum Beispiel, weist Jesus seine Jünger auf das Verhältnis der geistigen Welt zur materiellen Welt hin mit der folgenden Frage: *"Denn was wird es dem Menschen nützen, wenn er die ganze Welt gewinnt, aber das Leben seiner Seele verliert?"* (Matth. 16,26). Der materielle Fortschritt ist nur dann als Segen aufzufassen, wenn er dem Menschen im Hinblick auf seinen spirituellen Fortschritt hilft. – Das zweite Gesetz ist das göttliche Gesetz, welches die Maßnahmen für den spirituellen Fortschritt des Menschen vorgibt. Das göttliche Gesetz gewährt Führung, teilt uns die Gebote Gottes mit und zielt in allem auf die Vervollkommnung der Seele ab. Verstöße gegen das göttliche Gesetz bringen den Menschen vom geraden Weg zu Gott ab. Das göttliche Gesetz betrifft die Regeln und Zusammenhänge, die für das Einswerden von Seele und Gott zu beachten sind, und betrifft nicht die irdische soziale Gesetzgebung. Das göttliche Gesetz ist ewig gültig und für alle Menschen bindend, wohingegen die irdischen, sozialen Gesetze sich je nach den gesellschaftlichen, wirtschaftlichen und geographisch-klimatischen Verhältnissen unterscheiden. Der Koran ist, wie alle anderen heiligen Schriften, ein Zeugnis des göttlichen Gesetzes, und jede Sure darin bezieht sich auf das göttliche Gesetz, ohne Bezug zu nehmen auf soziale Gesetze.

Soziale Gesetze werden, wie bereits gesagt, nicht direkt offenbart. Thema des heiligen Korans ist das göttliche Gesetz, welches ohne Fehler zu allen Zeiten durch die Offenbarungen Gottes mitgeteilt worden ist. Der Koran überliefert das vollkommene Wissen von Gott, wie es dem Propheten Mohammed von Gott offenbart worden ist. Sollten Zweifel oder Mißverständnisse diesbezüglich aufkommen, so werden diese, da Gott sich die Verantwortung für die Bewahrung und fehlerfreie Vermittlung dieses Wissens vorbehält, durch erneute Offenbarungen ausgeräumt. So führt uns Gott wieder auf den rechten Weg zurück, sollten wir von Satan verführt worden sein. Keine Sprache der Menschheit vermag die Vollkommenheit Gottes angemessen wiederzugeben, weshalb nur Gottes Offenbarungen selbst das vollkommene Wissen mitteilen können. Aus diesem Grunde nennt man *Al-Fātiḥa* auch *all* – die Vollkommene.

I

Bismi'llāhi'rrahmāni'rrahīm

Durch seine manifeste Gestalt erweist sich Gott als der Allbarmherzige, der Allgnädige

Der in der Basmala, dem ersten Vers der Eingangssure, stehende arabische Begriff *ism* bezieht sich auf die Form Gottes, die auch als der "Name" oder das "Wort" Gottes bezeichnet werden. Auch die Bibel, namentlich das Johannesevangelium, stellt das göttliche Wort in das Zentrum seiner Botschaft. Unter "Name Gottes" oder "Wort Gottes" hat man die höchste Offenbarungsform Gottes an die menschliche Seele zu verstehen, von der auch in anderen heiligen Schriften gesprochen wird – in den Veden als *Soma* (Sanskrit: "Nektar, berauschendes Getränk") und im anderen hinduistischen Schrifttum als *Naam* ("Name"). So wie in diesem ersten Vers des Korans *ism* sich auf die Realität Gottes (und nicht auf eine sprachliche Erscheinung wie die Worte "Allah" oder "Gott") bezieht, ist *Naam*, das etymologisch mit dem deutschen Wort "Name" zusammenhängt, nicht etwa nur eine Bezeichnung für Gott, sondern es bezieht sich auf die Manifestation Gottes selbst.

Diese verwirrende Mehrdeutigkeit der Begriffe liegt dem gängigen Mißverständnis dieser ersten Zeile der Al-Fatiha zugrunde, die wie folgt ausgelegt und übersetzt wird: "Im Namen Allahs, des Barmherzigen, des Gnädigen" oder auch: "Im Namen des barmherzigen und gnädigen Gottes". Diese Übersetzung ist irreführend, da *ism* "die manifestierte Gestalt" bedeutet, so daß *b-ismi-'llah* als "die manifestierte Form Gottes" übersetzt werden muß. Statt also die ganze Zeile zu übersetzen: "Im Namen des barmherzigen und gnädigen Gottes", wie es im allgemeinen geschieht, muß man diese Zeile richtig lesen als: "Durch seine manifestierte Form ist Gott barmherzig und gnädig."

Es gibt einen Bedeutungsunterschied zwischen den zwei Begriffen *rahman* ("gütig, barmherzig") und *rahim,* was "gnädig" bedeutet. Man muß zwischen diesen beiden Begriffen, die auf denselben Wortstamm *rhm* zurückgehen, eine feine Unterscheidung treffen. Zum einen ist Gott seinem Wesen nach gütig und liebevoll. *Al-rahman* bedeutet der Barmherzige oder Gütige. Aber wir können von diesem göttlichen Attribut nichts wissen, solange wir die Führung durch seine Offenbarungen nicht erfahren und festgestellt haben. Wie anders als durch seine Offenbarungen enthüllt sich die Fürsorge und liebende Güte Gottes? Gott erweist dem Menschen seine Güte und Barmherzigkeit, indem er sich ihm offenbart, und so erkennen wir ihn als den Erbarmer, wenn er sich in seiner manifestierten Form im Innern mitteilt. Im Hinblick auf diesen Aspekt seiner Güte gibt es vor Gott keinen Unterschied zwischen Gläubigen und Ungläubigen – seine allumfassende Liebe gilt allen seiner Geschöpfe bedingungslos. Sie ist einfach ein Attribut Gottes, das sich nicht weiter begründen läßt. – *Rahim* dagegen bezieht sich darauf, daß Gott aufgrund unserer früheren Handlungen (die in der indischen Terminologie als *Karmas* bezeichnet werden) und in ihrer Beurteilung Gnade walten läßt. Die Barmherzigkeit Gottes wohnt seinen Offenbarungen also auf zweierlei Weise inne: zum einen ist sie eine Eigenschaft Gottes, aufgrund derer Gott sich dem Menschen zuneigt und sich ihm – gleichgültig, wie gut oder böse er ist – überhaupt offenbart, und zum anderen wirkt sie mildernd bei der Zuteilung von Lohn bzw. Strafe für unsere vergangenen Handlungen. Stets sind beide Aspekte Gottes zu berücksichtigen: der Aspekt der Gerechtigkeit, wonach sich sein Gesetz erfüllen muß, und der Aspekt der Barmherzigkeit, die es den Menschen möglich macht, zu Gott zurückzukehren. Auch im Hinblick auf unsere Taten, die vor den Richterstuhl Gottes kommen, erweist sich Gott gerade durch seine Offenbarungen als barmherzig, die dem Menschen auch die Last der Strafe erträglich machen und ihm den Lohn in Form von weiteren, höheren Offenbarungen zuteil werden lassen. Durch seine Offenbarungen ist Gott also selbst dort barmherzig, wo er sein eigenes Gesetz erfüllt.

Wir leben aufgrund unseres Schicksals in dieser Welt, das sich aus unseren früheren *Karmas* (Handlungen) ergibt. Alles, was der Mensch im Laufe eines Lebens tut, ja, selbst was er denkt und spricht, wird in seiner Seele aufgezeichnet, und diese "Aufzeichnung", dieses "Buch" geht mit ihm, wenn seine Seele den physischen Körper beim Tod verläßt. Jede Seele hat unzählige solche Körper angenommen und wieder verlassen und trägt die Aufzeichnung jedes solchen Lebenslaufes mit sich. Auf diese Weise ist ein unvorstellbares Reservoir an aufgezeichneten Eindrücken entstanden, aus dem Gott der Seele für jedes Leben eine bestimmte Anzahl von Rückwirkungen – eine Mischung aus Lohn und Strafe, aus Freude und Leid – zuweist, was wir gemeinhin als Schicksal bezeichnen. Wenn Gott nun als *Al-Raḥim* bezeichnet wird, dann bedeutet das in diesem Zusammenhang, daß Gott für einen Menschen das Leid oder das Maß seiner Strafe mildert, so daß er die Last seines Schicksals leichter ertragen kann. Ohne Offenbarungen könnte der Mensch von dieser Barmherzigkeit, die Gott ihm erweist, nichts ahnen, da ihm das vorgezeichnete Schicksal verborgen ist und er infolgedessen nicht wissen kann, welcher Teil davon ihm erlassen wurde. Empfängt er jedoch Offenbarungen, also beispielsweise Visionen über das, was eigentlich als künftige Schicksalsschläge vor ihm liegen müßte, und vergleicht er diese Visionen dann mit dem, was tatsächlich in seinem Leben eintrifft, dann wird er von Gottes Barmherzigkeit wahrhaft überzeugt, denn er weiß in diesem Fall, welches Leid ihm erspart wurde. Sant Kirpal Singh sagte zuweilen, daß diese Zugeständnisse aufgrund von Gottes Barmherzigkeit so groß sein können, daß der Dolchstoß zum Nadelstich reduziert wird. So wird deutlich, daß man Gottes Barmherzigkeit in bezug auf unser konkretes Schicksal nur erkennen und ermessen kann, wenn man Offenbarungen empfängt.

Der Islam teilt nicht die Auffassung, wonach unser Leben in seinen Grundzügen und vor allem in bezug auf das, was dem Menschen ohne sein eigenes Zutun widerfährt, als Folge unserer eigenen früheren Taten vorgezeichnet ist. Dabei genügt es, mit dem gesunden, kritischen Menschenverstand über die Unterschiede, die wir im Schicksal der einzelnen Menschen feststellen und die wir nicht auf deren eigene Schuld oder eigenes Verdienst während dieses gegenwärtigen Lebens zurückführen können, nachzudenken, um entweder den Glauben an Gottes Gerechtigkeit geschweige denn Barmherzigkeit zu verwerfen oder aber an die Theorie des *Karma* als einzige plausible Erklärung für solche Unterschiede zu glauben. Denn wie sonst wäre es mit einem gerechten und gütigen Gott zu vereinbaren, daß manche Menschen blind oder verkrüppelt geboren werden und manche bereits von der ersten Lebensstunde an hungern müssen, während andere im Überfluß leben? Diese offenkundige Ungleichheit der "Startbedingungen" läßt sich nicht mit der Güte und Gerechtigkeit Gottes in Einklang bringen, es sei denn in Verbindung mit dem Konzept von *Karma* und der entsprechenden Sühne oder

Belohnung. Gerade der Islam, der soviel Gewicht darauf legt, daß jeder Mensch entsprechend seinen Taten belohnt oder bestraft werden wird, muß sich diese Ungereimtheiten vorhalten lassen. Wir haben an anderer Stelle* anhand einer Vielzahl von Koranversen deutlich gemacht, daß das Gesetz des *Karma,* das Gesetz der Wiedergeburt und der Vergeltung unserer Taten im Laufe vieler Leben, sehr wohl in der Lehre des Propheten Mohammed verankert ist und die Leugnung dieses Gesetzes der Botschaft des Koran widerspricht.
Gottes Offenbarungen an den Menschen erweisen ihm in Hinblick auf sein Schicksal auf vielfältige Art die Barmherzigkeit Gottes. Selbst dann, wenn er durch solche Offenbarungen nur hinsichtlich künftiger Ereignisse vorgewarnt ist, bedeutet dies für ihn einen großen Gewinn, da er durch dieses Wissen für das, was kommen wird, gewappnet ist und weiß, daß Gott an seinem Schicksal Anteil nimmt und ihn stets schützend begleitet. Der Mensch kann nicht ohne die ganz besondere Gunst Gottes Zugang zum Schatz der göttlichen Weisheit erlangen, wie Sure 56:77-80 erklärt:

> *(Es ist wahrlich ein trefflicher Koran in einem verborgenen Buch,) das nur von den Gereinigten berührt wird, vom Herrn der Menschen in aller Welt herabgesandt.*

Wie bereits ausgeführt, besitzen allein die göttlichen Offenbarungen die Kraft, die Seele zu reinigen, und so wird deutlich, daß nur derjenige Zugang zu Gottes Weisheit gewinnt, der sich aufgrund beständiger göttlicher Offenbarungen zu dieser Stufe der Reinheit erhoben hat. Viele Muslims glauben, diese erste Sure enthielte die Anweisung, jede Arbeit, jedes Handeln damit zu beginnen, daß man den

---

* Soami Divyanand, Im Namen Allahs. Divyanand Verlag, Herrischried 1991.

Namen Gottes wiederholt. Wir teilen diese Auffassung nicht, da jegliche Namen, mit denen wir Gott benennen, menschlichen Ursprungs sind und aus diesem Grunde keinerlei reinigende Wirkung auf unsere Seele haben können, wenn wir sie wiederholen. In 5. Mose 18,20 heißt es deshalb:

> *Doch ein Prophet, der sich anmaßt, in meinem Namen ein Wort zu verkünden, dessen Verkündigung ich ihm nicht aufgetragen habe, oder der im Namen anderer Götter spricht, ein solcher Prophet soll sterben.*

Diese Textstelle aus der Bibel weist in unzweideutigen Worten darauf hin, daß menschliche Worte nicht als Gottes Wort ausgegeben werden dürfen. Was irgendein Mensch, ja selbst einer, der uns als Prophet begegnet, aufgrund seines eigenen Verständnisses über Gott sagt, hat nicht den Segen Gottes und trägt nichts Göttliches in sich. Selbst die Propheten dürfen demnach nur das im Namen Gottes verkünden, was ihnen von Gott selbst durch seine Offenbarungen aufgetragen wurde. Demnach ist die Auslegung dieser Sure *Al-Fātiḥa*, wonach unser Handeln Gottes Segen hat, wenn wir nur zuvor den Namen Allahs oder die Formel *Bismi'llahi'rraḥmāni'rraḥīm* wiederholen, falsch. Richtig verstanden muß die Botschaft lauten: daß unser Tun unter Gottes Führung steht und von ihm gesegnet wird, wenn es durch Gottes Offenbarungen geleitet und inspiriert wird.

Bismi'llah oder die Manifestationen Gottes sind der Schlüssel, der die Schatztruhe der Weisheit Gottes eröffnet. Durch kein anderes Mittel außer durch Gottes Manifestationen ist es möglich, zu dieser höchsten Weisheit Zugang zu erlangen. Im *Zend Avesta* heißt es ganz ähnlich:

Gottes Manifestationen sind voller Vergebung und Güte.

Diese Aussage entspricht ganz genau der Botschaft des ersten Koran-Verses. Der heilige Prophet Mohammed maß dieser Botschaft soviel Bedeutung zu, daß er erklärte: "Jede wichtige Handlung, die man ohne *Bismi'llah* vollzieht, bleibt ohne Gottes Segen." Dies ist eine zentrale Aussage des Propheten, und es muß verwundern, daß angesichts der zentralen Stellung, die der Prophet Mohammed den göttlichen Offenbarungen beimißt, diese Offenbarungen in der organisierten Religion des Islam so sehr in Vergessenheit gerieten, daß man das gesprochene Gebet an die Stelle der Meditation setzt und nur noch die Namen Gottes rezitiert. Dieser folgenschwere Irrtum beruht auf dem falschen Verständnis dieses Verses. In Sure 97:2-4 finden wir einen weiteren klaren Hinweis darauf, wieviel höher der Prophet die Meditation, das heißt die unmittelbare Offenbarung Gottes an die Seele in der Meditation, einschätzt als das gesprochene Gebet. Dort heißt es:

> *Wir haben (ihn) in der Nacht Al-Kadr (d.i. die Nacht der Allmacht und Herrlichkeit) offenbart. Was lehrt dich begreifen, was die Nacht Al-Kadr ist? Die Nacht Al-Kadr ist weit besser als tausend Monate. In ihr steigen die Engel und der Geist mit der Erlaubnis ihres Herrn, mit den Anordnungen Allahs für alle Dinge, herab.*

Die "Nacht der Herrlichkeit" ist ein Ausdruck für den Zustand der Meditation oder Versenkung, bei der die Sinne und das Gemüt stillgelegt sind und Stille und zunächst Dunkelheit im Innern herrschen, bis Gott sich der Seele in verschiedenen Formen manifestiert. In den meisten heiligen Schriften und bei den meisten Mystikern wird dieser Zustand der inneren Einkehr als "Nacht" bezeichnet wird. Dieser Vers (97:4) ist demnach so zu übertragen, daß eine Meditation wertvoller ist als tausend Monate des Gebets. Diese Auslegung wird durch den Zusammenhang untermauert, denn, wie der Prophet im nächsten Vers (97:5) fortfährt, *"in dieser Nacht steigen die Engel und der Geist mit der Erlaubnis ihres Herrn herab, mit den Anordnungen für alle Dinge."* "Engel" – so werden sowohl in der Bibel als auch im Koran die Manifestationen Gottes bezeichnet, die dem Menschen seine Botschaften vermitteln. Wenn es hier heißt, daß in dieser Nacht Gottes Offenbarungen gegeben werden, dann verweisen die beiden Verse eindeutig auf die große Bedeutung und den Vorzug der Meditation gegenüber allen äußeren Praktiken im Namen Allahs. So ist es beklagenswert, daß die Muslime diese und ähnliche Verse in ihren Gebeten rezitieren und dennoch – entgegen der Botschaft dieser Verse – keinerlei Zeit für die Meditation einsetzen, ja, die bloße Existenz von Offenbarungen an den gewöhnlichen Menschen leugnen. Der Prophet selbst schärft hier ein, daß tausend Monate des Gebets keinerlei Frucht hervorbringen, wenn der Mensch nichts von der Meditation weiß.

Sure 97:3-4 enthält eine unmißverständliche Botschaft: Die Meditation ist die einzig wahre Art der Anbetung oder Verehrung Gottes, da allein durch sie die Seele Offenbarungen von Gott empfängt. Diese Offenbarungen sind das einzige Mittel, durch das der Mensch Gottes Botschaften und damit seine Eigenschaften und seinen Willen erfährt. Diese Offenbarungen wiederum geben uns in allen Angelegenheiten des Lebens Führung und Hilfe und regeln alle unsere *Karmas*. Die Religion begründet sich auf Offenbarungen. Ohne Offenbarungen können wir weder etwas von Gott wissen noch Sinn und Zweck der Religion verstehen. So verweist auch diese Sure auf die Bedeutung göttlicher Offenbarungen, damit der Suchende den Pfad der Religion oder der Spiritualität finden und gehen kann. Der Intellekt oder Verstand ist nicht das geeignete Mittel, um Gott zu begreifen. Wir können nur soviel von Gott wissen, wie er uns selbst offenbart. So fängt die Religion dort an, wo die Philosophie endet. Dies war ein häufiger Ausspruch Sant Kirpal Singhs, womit er zum Ausdruck bringen wollte, daß es nichts nützt, Hunderte von gelehrten Büchern über Religion zu schreiben oder zu lesen, solange man nicht Meditation übt und darin eigene Offenbarungen von Gott empfängt. Auch die vorliegende Sure *Al-Fātiḥa* erklärt Gottes Offenbarungen zur Quelle der Religion. Durch die bloße Wiederholung jener Anfangsworte des Korans wird nicht die Barmherzigkeit Gottes herabgerufen. Die Namen Gottes wurden ihm von Menschen beigegeben, und insofern besitzen sie keinerlei Bedeutung, noch vermitteln sie echtes Wissen von Gott. Die Botschaft des ersten Verses im Koran lautet, daß Gott durch seine Offenbarungen von größter Güte und Barmherzigkeit ist, und diese Botschaft wird, wie im folgenden dargelegt wird, von zahlreichen anderen Suren des Koran gestützt. Sure 2:23 lautet:

Bezweifelt ihr das, was Wir Unserem Diener offenbarten, nun, so bringt eine Sure hervor wie diesen (Koran) und ruft eure Zeugen auf außer Allah, wenn ihr wahrhaft seid.

Die Suren des Koran gehen auf Gottes Offenbarung an den Propheten Mohammed zurück, und insofern kann ihre Botschaft als Gottes Offenbarung bezeichnet werden. Für denjenigen jedoch, der sie liest, bleiben sie so lange Wissen aus zweiter Hand, wie er nicht selbst identische Offenbarungen im Innern empfangen hat. So ist es ganz natürlich, daß ihm in bezug auf den Inhalt der einen oder anderen Sure Zweifel kommen. Der Rat, einen anderen Zeugen zu berufen, um die Zweifel hinsichtlich einer göttlichen Offenbarung zu zerstreuen, bedeutet nichts anderes, als daß Gott durch seine Offenbarungen allen Menschen dieselbe Wahrheit mitteilt. Verstehen wir eine Offenbarung nicht, so können wir dadurch Klarheit erhalten, daß ein anderer Mensch, der ebenfalls Offenbarungen von Gott empfängt, die ersteren bestätigen und ihren Sinn erläutern kann. In diesem Fall müssen beide Aussagen identisch sein, da sie beide ihre Urheberschaft in Gott haben. Auch dieser Vers belegt demnach die zentrale Bedeutung von Gottes Offenbarungen als Schlüssel zum Verständnis der heiligen Schriften und der Religion schlechthin. Sure 2:64-65 lautet:

Und (gedenket der Zeit,) da Wir einen Bund schlossen mit euch und den Berg hoch über euch ragen ließen und sprachen: "Haltet fest, was Wir euch gegeben haben, und bewahret in eurem Sinn, was darinnen ist, auf daß ihr errettet werdet." Danach aber kehrtet ihr euch ab; und wäre nicht Allahs Huld und Seine Gnade für euch gewesen, ihr wäret gewiß unter den Verlierern.

Wenn der Mensch sich von Gottes Wort entfernt, wenn er Gottes Offenbarungen leugnet, dann geht er in die Irre. Er verliert sich in der Welt, und ohne die Gnade und Barmherzigkeit Gottes, der sich ihm durch Offenbarungen enthüllt und ihm durch sie rechte Führung gibt, besteht keine Aussicht auf Erlösung. Sure 2:105 erklärt:

Die da ungläubig sind unter dem Volk der Schrift oder unter den Götzendienern, sie wünschen nicht, daß irgendein Gutes niedergesandt werde auf euch von eurem Herrn; doch Allah erwählt für Seine Gnade, wen Er will; und Allah ist Herr großer Huld.

Diese Stelle spricht von jenen, die keine Offenbarungen von Gott empfangen, denn ohne den Beweis durch Gottes Offenbarungen ist der Glaube an Gottes Weisheit nicht möglich. Jene also, die keinen Glauben besitzen, gehen in die Irre und beten allerlei Arten von Götzen an, was zur Folge hat, daß sie von Gott keine Segnungen erwarten können. Sie sind nicht die Auserwählten, denen Gott seine Gnade und Barmherzigkeit erweist. So bezeugt auch dieser Vers einmal mehr die Wichtigkeit von Gottes Offenbarungen. In Sure 2:143 finden wir:

> *Und so machten Wir euch zu einer in der Mitte stehenden Gemeinschaft, auf daß ihr Zeugen seid in betreff der Menschen; und der Gesandte wird in betreff eurer Zeuge sein. Und Wir setzten die Quibla ein, die du bisher eingehalten hast, allein um zu wissen, wer dem Gesandten folgt und wer sich auf seiner Ferse umkehrt. Wahrlich, das ist schwer, außer für jene, denen Allah den Weg gewiesen hat. Und Allah läßt nicht euren Glauben verlorengehen. Siehe, Allah ist wahrlich gütig und barmherzig gegen die Menschen.*

Dieser Vers spricht davon, daß Gott die Menschen durch seine Offenbarungen führt und ihnen seine Gnade und Barmherzigkeit erweist, nachdem sie an dieser Führung Anteil haben. So sind die Offenbarungen Gottes der einzige Vermittler von Gottes Gnade und Barmherzigkeit. Sure 2:218 lautet:

> *Die da glauben und ausgewandert sind und die sich um Allahs willen abgemüht haben, dürfen auf die Barmherzigkeit Allahs hoffen. Allah ist barmherzig und bereit zu vergeben.*

Diese Stelle weist darauf hin, daß jene Menschen, die vom Offenbarungsstrom Gottes über das Körperbewußtsein emporgezogen werden ("das Heim verlassen" oder "auswandern") und dort die Offenbarungen von Licht und Klang empfangen, der Güte und Barmherzigkeit Gottes gewiß sein können. Ihnen können die Irrtümer und Fehler, die sie begingen, vergeben werden. So erweist sich der Offenbarungsstrom als der Schlüssel zu Gottes Güte und Barmherzigkeit. – Die Allmacht und Souveränität des Willens Gottes wird in Sure 3:6 wie folgt beschrieben:

> *Er ist es, Der euch im Mutterleib bildet, wie Er will; es ist kein Gott außer Ihm, dem Allmächtigen, dem Allweisen.*

Diese Sure spricht davon, daß Gott uns das Schicksal bereits in den Mutterleib legt und uns unter solchen Umständen in die Welt eintreten läßt, wie es seinem Willen aufgrund unserer früheren Handlungen entspricht. Da unser Schicksal dem Willen Gottes entspricht, haben wir keine andere Wahl, als es anzunehmen. Gott ist jedoch allmächtig und allweise und vor allem voller Barmherzigkeit, so daß er uns befähigt, die Rückwirkungen unserer früheren Handlungen mit Hilfe seiner Offenbarungen leicht zu ertragen. Dies steht in Beziehung zu dem zuvor erklärten Begriff *Al-Raḥim* und der Tatsache, daß Gott uns mit Hilfe seiner Offenbarungen so führt, daß wir in allen schwierigen Lebensumständen Kraft und Erleichterung erfahren. – Sure 3:132 lautet:

> *Gehorchet Gott und dem Gesandten, auf daß ihr Gnade finden möget.*

Hier wird der Gehorsam gegenüber Gott als Voraussetzung für Gottes Gnade erklärt. Nun können wir Gott nur dann gehorchen, wenn wir seinen Willen kennen. Gottes Wille oder Gebot wiederum wird uns durch Offenbarungen enthüllt. So unterstreicht auch dieser Vers die Bedeutung von Gottes Offenbarungen, denn ohne sie können wir nicht gehorchen, und ohne Gehorsam gegenüber Gott werden wir keine Gnade erfahren.

> *Und wenn ihr für Allahs Sache erschlagen werdet oder sterbet, wahrlich, Verzeihung von Allah und Barmherzigkeit ist besser als alles, was ihr zusammenscharrt. Und wenn ihr sterbet oder erschlagen werdet, wahrlich, zu Allah werdet ihr versammelt.* (3:157-158)

Für oder bei der Sache Gottes zu sterben oder getötet zu werden, bezieht sich nicht etwa auf den Märtyrertod oder gar auf den Tod in einem sogenannten "heiligen Krieg", sondern auf den todesähnlichen Vorgang in der Meditation, bei dem sich das Bewußtsein über den Bereich des Körpers bzw. der Sinne erhebt und im Innern mit Gottes Offenbarung in Berührung kommt. Durch diesen Vorgang erfahren wir Gottes Vergebung, denn wir empfangen alle Segnungen, welche die Offenbarungen von Gott vermitteln, wir werden rein und kehren auf diesem Wege ohne jeden Zweifel zu Gott zurück. Zu Gott zurückzukehren, bedeutet Erlösung. Erlösung oder die Verschmelzung der Seele mit Gott ist der Kern aller Religion. Wenn wir also zu Gott zurückkehren, dann verwirklichen wir auf diese Weise Religion. Dies geschieht, wenn wir uns über das Körperbewußtsein erheben und uns von Gottes Offenbarungen führen lassen.

> *Schau, wie sie Lüge wider Allah ersinnen; und dies genügt als offenkundige Sünde.* (4:50)

Hier wird einmal mehr darauf hingewiesen, daß ein Mensch, der keine Offenbarungen empfängt, nicht in der Lage ist, die Wahrheit über Gott zu sagen oder auf die rechte Weise von seinen Eigenschaften zu sprechen. Was auch immer ein solcher Mensch über Gott sagt, ist frei erfunden und nicht besser als Lügen. Dies aber ist eine Sünde. So lautet die Botschaft dieses Koranverses: Wenn wir von Sünde frei werden wollen, müssen wir Gottes Offenbarungen empfangen, um Gottes wahre Eigenschaften zu erkennen.

> *Was dich an Gutem trifft, kommt von Allah; was dich an Schlimmem trifft, von dir selber. Und wir haben dich zum Gesandten für die Menschen bestellt. Allah genügt dafür als Zeuge.* (4:79)

Dieser Vers weist darauf hin, daß Gott barmherzig ist. Alles Gute, das uns widerfährt, verdanken wir der Barmherzigkeit Gottes, was wir jedoch mit unserem Verstand und Gemüt allein nur schwer akzeptieren können. Erst durch die wiederholte Erfahrung, daß Gottes Offenbarungen uns Botschaften vermitteln, die uns in unserem täglichen Leben helfen und uns beispielsweise vor Gefahren warnen oder uns deutlich machen, vor welchem Unglück wir bewahrt wurden, ahnen wir allmählich, wie groß die Barmherzigkeit Gottes sein muß. Unsere eigenen, allzu menschlichen und beschränkten Gedanken können dies niemals erfassen. So bringt diese Stelle zum Ausdruck, daß Gott durch seine Offenbarungen der einzige Zeuge für seine Barmherzigkeit ist.

> *Und wenn nicht Allah Seine Huld und Barmherzigkeit über dir hätte walten lassen, hätte eine Gruppe von ihnen dich am liebsten irregeführt. Aber sie führen nur sich selber in die Irre und schaden dir nichts. Und Allah hat dir die Schrift und die Weisheit offenbart und hat dich gelehrt, was du nicht wußtest. Die Huld, die Allah dir erwiesen hat, ist gewaltig.* (4:113)

Hier wird darauf hingewiesen, daß wir dem irreführenden Einfluß anderer Menschen erliegen müssen, wenn Gott uns nicht mit Hilfe seiner Offenbarungen davor bewahrt. Dies geschieht nicht nur einmal, sondern Gottes Offenbarungen in Form von Licht, Klang und anderer Art begleiten einen Menschen stets und vermitteln ihm beständig Gottes Weisheit, so daß sie ihn auf allen seinen Wegen vor schädlichen Einflüssen bewahren. Sure 7:3 erklärt in diesem Zusammenhang:

> *Folgt dem, was von eurem Herrn als Offenbarung zu euch herabgesandt worden ist, und folget keinen andern Beschützern außer Ihm. Wie wenig seid ihr dessen eingedenk!*

Hier wird das Gewicht auf die eigenen Offenbarungen von Gott gelegt. Wir sollten das annehmen und befolgen, was uns selbst offenbart wurde. Wir sollten keinen Menschen als Mittler zwischen uns und Gott akzeptieren und ihm nicht gehorchen, solange sich ein solcher Mensch als religiöser Lehrer nur dadurch Autorität zu verschaffen sucht, daß er die heilige Schrift auslegt oder sich auf eigene Offenbarungen beruft, uns selbst jedoch keine solchen Offenbarungen vermitteln kann oder gar eine solche Möglichkeit für uns ausschließt. Religiöse Führer, welche die Menschen zum Gehorsam ihnen und ihrer Institution gegenüber verführen wollen und nicht selbst durch Gottes Offenbarungen geleitet werden, können die Sucher nur in die Irre leiten. Deshalb wird hier betont, wie wichtig es ist, nur Gott selbst als den einzigen Herrn, als die einzige Autorität für sich zu akzeptieren und nur seinem Gebot zu folgen. Dies ist jedoch nur dann möglich, wenn man selbst im Innern Offenbarungen empfängt, die Gottes Willen übermitteln. Ihnen sollte unbedingter Gehorsam geleistet werden.

Der arabische Begriff *ism* bedeutet "Name", in diesem Vers den Namen oder die manifeste Form Gottes, und leitet sich von dem Wortstamm *sm* ab, der "hören" oder "durch Hören wissen" bedeutet. In der Wendung *Bismi'llah* wird somit ebenfalls zum Ausdruck gebracht, daß man durch die Offenbarung des göttlichen Klangs, den man im Innern hört, vollkommenes Wissen erlangen kann. So lautet die Botschaft dieses Verses, daß man vollkommenes Wissen durch den hörbaren göttlichen Klangstrom, eine Manifestation Gottes, gewinnen kann.

> *Statt Ihn verehrt ihr nichts anderes als Namen, die ihr selbst genannt habt, ihr und eure Väter; Allah hat dazu keine Ermächtigung herabgesandt. Die Entscheidung ist einzig bei Allah. Er hat geboten, daß ihr Ihn allein verehrt. Das ist der richtige Glaube, jedoch die meisten Menschen wissen es nicht.* (12:40)

Welche Namen wir auch immer zur Benennung Gottes erfunden haben, sie können nicht für sich beanspruchen, göttlichen Ursprungs zu sein. Vielmehr sind sie das Ergebnis menschlicher Willkür oder Ohnmacht. Dies schließt auch ein, daß Gott den Menschen nicht dazu ermächtigte, solche Worte als Gebete zu sprechen, zu singen oder auszurufen. Wenn Muslime diesen Vers so auslegen, als dürfe der Mensch Gott nicht anders als mit der Bezeichnung "Allah" anreden, so irren sie sich. Denn auch das Wort "Allah" ist ein Name, den Menschen fanden, nicht anders als Begriffe wie "Gott", "God", "Paramatma" oder andere, je nach Sprache und Kulturkreis. Es kommt also überhaupt nicht auf den Namen an, mit dem man auf Gott verweist, sondern darauf, daß der Mensch unbeirrbar das befolgt, was Gott ihm durch seine Offenbarungen aufträgt. Seine Botschaften im Innern zu empfangen und danach zu leben – und nichts anderes –, bedeutet wahre Anbetung. Wer dies nicht begreift, so sagt diese Sure, der ist unwissend.

An jenem Tag, da in die Trompete geblasen wird, werden wir die Missetäter mit blinden Augen versammeln. (20:102)

Dieser Vers läßt keinen Zweifel daran, daß Menschen, die keine Offenbarungen von Gott empfangen, auch keinerlei Wissen über Gott besitzen: sie sind blind. Wer jedoch sein Leben lang blind, das heißt mit dem inneren Auge blind war, der darf nicht erwarten, in der Todesstunde auf einmal sehend zu werden. Daher sollte niemand glauben, er könne etwas von Gott wissen, indem er nur irgendwelche Namen für Gott wiederholt. Sure 21:107 bringt zum Ausdruck:

Wir entsandten dich nur als eine Barmherzigkeit für alle Welt.

Dieser Vers spricht von demjenigen, durch den die Menschen in der Welt Gottes Güte erfahren: dem Propheten. So wie die Gotteskraft eine lebendige Kraft ist, die uns hier und jetzt ihre Güte erweist, so kann dies auch nur durch einen Mittler geschehen, der jetzt und hier unter uns lebt – einen lebenden Propheten. Wenn wir jedoch, wie dies ohne Ausnahme in den organisierten Religionen geschieht, einen Propheten verehren, der irgendwann in der Vergangenheit lebte, und dabei die lebenden Propheten verfolgen oder verleugnen, können wir Gottes Güte nicht empfangen. Sure 23:90 betont den gleichen Sachverhalt:

Ja, Wir haben ihnen die Wahrheit gesandt, doch wahrhaftig, sie leugnen sie.

Wer die Offenbarungen Gottes nicht akzeptiert, kann nichts über Gott wissen. So ist alles, was solche Leugner über Gott sagen, nichts als Lüge oder Erfindung, da ihnen das rechte Verständnis von Gott verborgen bleibt.

> *Diejenigen, die nicht an die Zeichen Allahs und an die Begegnung mit Ihm glauben, können nicht auf Meine Barmherzigkeit hoffen. Für sie gibt es schmerzliche Strafe.* (29:23)

Wer Gottes Offenbarungen verleugnet, die im Koran oft als "Zeichen Gottes" bezeichnet werden, kann nicht zu Gott zurückkehren: Die schwere Strafe, die die Ablehnung von Gottes Offenbarungen zur Folge hat, besteht darin, daß die betreffende Seele weiter an das Rad von Geburt und Tod gebunden bleibt.

> *Er ist es, Der euch segnet, und Seine Engel beten für euch, daß Er euch aus der Dunkelheit zum Licht führe: Er ist barmherzig gegen die Gläubigen.* (33:43)

Aus diesem Vers geht hervor, daß Gott seine Botschaft durch seine "Engel", das heißt durch seine Offenbarungen von Licht und Klang, vermittelt, um den Menschen zu führen. Auf diese Weise läßt er uns an seiner Güte teilhaben. Wer an diesen Weg glaubt und diesen Weg der göttlichen Offenbarungen geht, dem ist Gottes Wohlwollen und Güte gewiß, während die Menschen, welche die Existenz und Bedeutung göttlicher Offenbarungen leugnen, Gottes Güte nicht wirklich erfahren können.

> *Wahrlich, Wir schickten schon oft (Boten) hinab aus Barmherzigkeit von deinem Herrn; denn er hört und weiß alles.* (44:5-6)

Die Gebote Gottes werden durch seine Offenbarungen denjenigen Menschen vermittelt, die sie betreffen. Wenn wir diese Gebote kennen, haben wir die Möglichkeit, seine Gnade zu erringen, denn er weiß, ob wir sie annehmen und befolgen oder nicht. Empfangen wir solche Offenbarungen, befolgen sie jedoch nicht, sondern ziehen es vor, nach den Eingebungen unseres eigenen Gemüts und Verstandes zu handeln, dann können wir trotz jener Offenbarungen Gottes Barmherzigkeit nicht erwarten. In Sure 44:30 heißt es:

> *Die Kinder Israels erretteten Wir von der schmachvollen Strafe.*

An dieser Stelle sollte angemerkt werden, daß der Koran an zahllosen Stellen mit Bezug auf Gott das Pronomen "wir" gebraucht, was darauf zurückgeht, daß hier vom manifestierten Gott die Rede ist, das heißt von Gott in seinen vielfältigen Offenbarungsformen. Die Ausdrücke "Kinder Israels" oder "das Volk Israel" stehen im Koran wie bereits im Alten Testament für die "Diener Gottes", für jene auserwählten Menschen, die durch Gottes Offenbarungen im Innern mit ihm verbunden sind. Sie sind "auserwählt", insofern sie durch Gottes Manifestationen von ihm wissen, mit ihm in Verbindung stehen, seinen Willen erfahren, ihn befolgen und so seiner Gnade und Barmherzigkeit teilhaftig werden können. (Erst später erlag man dem folgenschweren Mißverständnis dieser und ähnlicher Stellen und nahm an, die häufige Erwähnung des Volkes oder Stammes Israel beziehe sich auf eine ethnische Gruppe.) Tatsächlich sagt dieser Vers aus, daß Gott seine Anhänger durch seine inneren Manifestationen leitet. Diese Führung wird denen zuteil, die auf den spirituellen Pfad gestellt wurden. Die Führung Gottes, die sie auf ihrem inneren Weg erhalten, bewahrt sie vor Schmach und anderem Leid. Ganz ähnlich bringt Sure 57:9 zum Ausdruck:

Er ist es, Der Seinem Diener deutliche Zeichen herabgesandt hat, damit er euch aus der Finsternis in das Licht führe; Allah ist fürwahr huldvoll und barmherzig gegen euch.

Hier wird auf die wichtige Tatsache hingewiesen, daß Gott seinen Propheten zu den Menschen entsendet und sie durch ihn führt, damit die Menschen auf dem rechten Pfad gehen können. Durch den Propheten und die inneren Erfahrungen, die er der Seele vermittelt, können die Menschen die unermeßliche Güte Gottes erfahren.

Wahrlich, in der Nachtwache läßt sich die Seele stärker ziehen und empfängt deutlichere Worte. (73:6)

Hier wird einmal mehr die Meditation oder die innere Versenkung als Nacht bzw. Nachtwache bezeichnet. "Nachtwache" in diesem Sinne bedeutet, daß für die Seele, ähnlich wie im nächtlichen Schlaf, die äußere Welt um sie her versinkt, weil sie sich über den Sinnesbereich in die jenseitige Welt emporgehoben hat. Dies ist ein Zustand erhöhter Bewußtheit, in welchem die Seele für Gottes Offenbarungen besonders empfänglich ist. Den wahren Sinn solcher Offenbarungen, die die Anweisungen und Warnungen Gottes enthüllen, erkennt und schätzt man aber nur, wenn man sie (ebenfalls) selbst erfahren hat.

Oh du in den Mantel Gehüllter! Erhebe dich und warne. Deinen Herrn verherrliche und reinige deine Kleider und meide Unreinheit (Götzendienst). (74:1-5)

Die Hüllen und Kleider, von denen hier die Rede ist, sind bildliche Begriffe für die Hüllen weltlicher Täuschung, welche die Seele einschließen und von Gottes Weisheit trennen. Gott fordert die Seele daher auf, sich mit den Offenbarungen im Innern zu verbinden, so daß dieses Licht und dieser Klang Gottes die Seele von aller Täuschung reinigen, damit sie den Herrn wahrhaft erkennt und ihn verherrlichen kann. Nur wenn die Seele Gott im Innern von Angesicht zu Angesicht sieht, kann sie ihn in seiner tatsächlichen Form anbeten, während jede Anbetung im Sinnesbereich, die auf bloßen Vorstellungen von Gott beruht, nichts weiter als Götzendienst ist.

> *Rühre nicht deine Zunge mit dieser Offenbarung, sie zu beschleunigen. Denn Uns obliegt ihre Sammlung und ihre Lesung. Darum, wenn Wir sie lesen, folge ihrer Lesung.*
> (75:16-18)

Hier wird darauf hingewiesen, daß es niemandem nutzt, lediglich Berichte oder Erzählungen von den Offenbarungen, die an einen anderen ergangen sind, zu hören. Gott gewährt dem einzelnen Menschen Offenbarungen, wann und wie er sie braucht. Jeder sollte sie selbst in der Meditation empfangen und sie in seinem praktischen Leben befolgen. Wenn wir einem anderen von unseren Offenbarungen erzählen oder ihm die niedergeschriebenen Offenbarungen eines Dritten vorlesen, ist dies für jenen Menschen nichts anderes als Wissen aus zweiter Hand, das ihm keinerlei Gewinn bringt. Sure 76:26 fordert auf:

> *Und während der Nacht wirf dich nieder vor Ihm und preise Seine Herrlichkeit einen langen Teil der Nacht hindurch.*

Dieser Vers spornt den Schüler auf dem spirituellen Weg an, durch liebende Anbetung sich weit in die Bereiche der inneren Offenbarung zu erheben und Gott, indem man immer mehr von seinen Attributen direkt erfährt, immer inbrünstiger zu verherrlichen. Nur so können wir mit ehrlichem Herzen Gott rühmen, während alles andere, was wir über ihn sagen, ohne Offenbarungen zu haben, wirres Gerede über Gott bleibt.

Alle diese Verse des Koran haben deutlich gemacht, daß die Offenbarungen Gottes seine zwei Attribute *rahman* und *rahim* enthüllen. Auf der Grundlage unseres eigenen Fühlens und Denkens können wir unmöglich richtige Aussagen über Gottes Gnade und Barmherzigkeit und seine anderen Attribute machen, sondern nur Vorstellungen und Mutmaßungen über Gott äußern, die der Koran als Lügen verwirft.

II

Al-Ḥamdulillah ir-Rabbil al-'Āmīn

Alle Attribute Gottes werden durch seine Manifestationen offenbar

Gott ist der Schöpfer, der Erhalter und der Erneuerer (oder: Wiederhersteller) des gesamten Universums *(Rabbil al-'āmīn)*. Dieser Vers sagt, daß man Gottes Attribute nur durch seine Offenbarungen erkennen kann. *Ḥamd* bedeutet seinem Wortsinn nach die vollkommene Herrlichkeit Gottes, wie sie durch seine Attribute zum Ausdruck kommt. Diese bleiben dem Menschen aber verschlossen, solange er versucht, sie mit dem Verstand zu erfassen. Nur wenn Gott sie einem Menschen selbst offenbart, kann er sie erkennen. Gott ist der Schöpfer von allem, was es gibt, von der Materie bis zur Seele; er wirkt als Schöpfer durch seine Manifestationen in Form von Licht, die nicht nur Materie entstehen lassen, sondern im Bereich der Religion, d.h. der Rückkehr der Seele zu Gott, die Seele des Strebenden mit der nächsthöheren Offenbarungsform des Klangs vereinen und sie somit weiter entfalten. Die Offenbarung des Klangs ist der Erhalter, da er der Seele Kraft gibt, sie emporzieht und im zehnten Tor, oberhalb der Sinne, in die innere Welt von Gottes Offenbarungen eintreten läßt. Die göttliche Offenbarung des *Soma*, des *Logos* oder "Wortes" ist der Erneuerer, da sie die Seele mit Gott vereint und schließlich, wenn sie ihren Ur- und Endzustand der Erlösung wiederfindet, mit ihm verschmilzt. Das arabische Wort *rabb* beinhaltet diese drei Aspekte Gottes – des Schöpfers, Erhalters und Erneuerers –, und Gott wirkt dieses Werk nur in seinen manifesten Formen, und nicht als absolutes, formloses Wesen.

Als zweites sollte man verstehen, daß Offenbarungen von Gott niemals als Monopol von einer bestimmten Religion oder religiösen Gemeinschaft beansprucht werden können. Vielmehr kommen sie der ganzen Menschheit zu, was in diesem Vers durch den Begriff *al-'āmīn* zum Ausdruck gebracht wird. *al-'āmīn* steht für alles Erschaffene, also auch die ganze Menschheit bzw. alle Seelen. Demzufolge ist es unmöglich, Gottes Offenbarungen nur für eine bestimmte Religionsgemeinschaft in Anspruch zu nehmen, sondern man muß zugeben, daß sie Menschen aus aller Welt und aus allen Religionen zugänglich sind. Diese Offenbarungen Gottes entfalten ihren Segen dadurch, daß sie Gottes Wissen übermitteln, was niemals durch Nachdenken oder irgendeine andere Form der verstandesmäßigen Betrachtung möglich ist. Gott ist stets barmherzig und offenbart sich in allen Zeitaltern, und so zeichnet derjenige, der behauptet, Gott habe sich nur bis zur Zeit des Propheten Mohammed und danach nie wieder offenbart, das Bild von einem sehr begrenzten Gott. Dieses Bild läßt sich nicht in Einklang bringen mit der Sure *Al-Fātiḥa*, wie wir durch unsere Begriffserläuterung deutlich machen. Gott offenbart sich den Seelen der Menschen zu allen Zeiten und in allen Religionen. In Sure 2:252 lesen wir:

> *Das sind die Zeichen Allahs. Wir verkünden sie dir der Wahrheit entsprechend. Du bist wirklich einer der Gesandten.*

Aus diesem Vers geht hervor, daß die Botschaften, welche die göttlichen Offenbarungen vermitteln, uns vollkommen machen. Diejenigen, die sie vernehmen und befolgen, sind dem Propheten ebenbürtig, da sie ebenso vollkommen werden wie er, denn der Strom göttlicher Offenbarungen vermittelt uns nicht nur Kenntnis von Gottes Attributen, sondern vermittelt uns im Laufe der Entwicklung diese Eigenschaften selbst. Nur deshalb konnte Jesus seine Jünger auffordern, so "vollkommen zu sein wie der Vater im Himmel" (Matth. 5,48). Hätte er ihnen nicht Gottes Offenbarungen mit ihrer reinigenden Kraft vermittelt, wäre dieser Ausspruch ohne jeden Sinn. Sure 3:44 lautet:

> *Dies ist eine der Verkündigungen des Unbekannten, die Wir dir offenbaren. Du warst nicht unter ihnen, als sie losend ihre Pfeile warfen, wer von ihnen die Sorge für Maria übernehmen sollte, noch warst du unter ihnen, als sie miteinander darüber stritten.*

Diese Sure spricht klar davon, daß Gott seine Botschaft auf dem Wege der direkten Offenbarung vermittelt und daß er mit dieser Botschaft wahres Wissen um seine Attribute gewährt. Wer keine solchen Botschaften empfängt, der kämpft um das Attribut, ohne irgendein Wissen davon zu besitzen. Maria steht hier, wie sonst häufig der Begriff Frau oder Gattin im Koran wie auch in den Veden und anderen heiligen Schriften, für die göttlichen Manifestationen. Und so bedeutet der Streit oder Kampf um die Sorge oder Pflegschaft für Maria den Kampf oder Streit um die Beschreibung und Auslegung von Gottes Attributen. Dieser Streit wird von jenen entfesselt, die keinerlei Wissen aus erster Hand besitzen. Derjenige, der Gottes Offenbarungen in sich erfährt, wird als Hüter der göttlichen Attribute bezeichnet, denn er kann auf die wahre Weise über sie sprechen. Sure 3:58 erklärt, wie die Verse, die der Prophet Mohammed als Gottesbotschaft weitergibt, zu betrachten sind:

Diese Verse, die Wir euch verlesen, sind Zeichen und Mahnungen voller Weisheit.

Hier wird davon gesprochen, daß die Verse des Propheten, des Koran – und wir können hinzufügen, auch die Verse anderer heiliger Schriften, die Gottes Botschaft vermitteln – Zeichen sind, die nur derjenige richtig verstehen kann, der diese "Sprache" zu lesen gelernt hat. Nur wer selbst Offenbarungen im Innern kennt, also ihre "Sprache" gelernt hat, versteht auch die niedergeschriebenen Verse des heiligen Buches. In Sure 5:68 finden wir die Worte:

Sprich: "Oh Volk der Schrift, ihr fußet auf nichts, ehe ihr nicht die Thora und das Evangelium befolgt und das, was euch offenbart ward von eurem Herrn." Aber gewiß, was dir von deinem Herrn offenbart ward, wird gar viele von ihnen zunehmen lassen an Aufruhr und Unglauben; so betrübe dich nicht über das ungläubige Volk.

Hier wird davon gesprochen, daß die göttlichen Lehren ewig sind und daß die Botschaft, welche die Thora und das Evangelium verkünden, dasselbe göttliche Wissen vermittelt, wie es uns im Koran immer wieder in Erinnerung gerufen wird. Das Problem, das die Mehrheit der Menschen betrifft, besteht darin, daß sie diese heiligen Schriften so lange nicht begreifen können, wie sie die dort niedergelegten Offenbarungen nicht in ihrer eigenen Seele erfahren haben. So werden sich nur jene Menschen nicht um den Sinn der Schriften streiten, denen der in sich gleiche Sinn der verschiedenen heiligen Schriften enthüllt wurde. Es gibt keine andere Möglichkeit, Gottes Attribute und Botschaften richtig zu verstehen. In diesem Zusammenhang erklärt Sure 7:203:

> *Wenn du ihnen kein Zeichen bringst, sagen sie: "Warum erfindest du es nicht?" Sprich: "Ich folge nur dem, was mir von meinem Herrn offenbart ward." Diese Offenbarungen sind klare Beweise von eurem Herrn und eine Führung und Barmherzigkeit für jene, die glauben.*

Hier wird ganz offen ausgesprochen, daß allein die Lektüre des Koran – und auch dies läßt sich auf das Verständnis anderer heiliger Schriften übertragen – niemals ausreicht, um ihren Sinn zu verstehen. Hier wird deshalb betont, daß wir uns stets nur auf die eigenen Offenbarungen verlassen und uns ihrer Botschaft beugen sollten, denn auf diese Weise gelangen wir zum rechten Verständnis von Gottes Willen und erlangen Gottes Gnade. Alles andere ist Erfindung des menschlichen Denkens. So wird hier deutlich gemacht, daß der Mensch weder mit dem Verstand noch mit dem Gemüt die Schriften verstehen kann, sondern ihre Botschaften nur begreifen und befolgen wird, wenn er Gottes Offenbarungen in sich selbst empfängt. In Sure 10:56 lesen wir:

> *Er allein macht lebendig und läßt sterben. Und zu Ihm werdet ihr dereinst heimkehren.*

Religion ist der Weg zurück zum Einssein mit Gott, und dies kann nur durch die von Gott ausgehenden Offenbarungen geschehen, denn ohne Gottes Offenbarungen kann die Seele nichts von ihm wissen und kann den Weg zu ihm auch nicht finden. Sure 10:57 sagt in eindringlichen Worten:

> *Ihr Menschen, es ist euch nun eine Ermahnung von eurem Herrn zugekommen, als Heilmittel für die Zweifel eures Herzens und als Leitung und Gnade für die Gläubigen.*

Jeder, der ernsthaft nach Gott Sehnsucht hat und bohrende Zweifel kennt, weiß, wie sehr man darunter leidet. Dieser Vers weist auf das Heilmittel gegen solche Zweifel hin: wer selbst Offenbarungen von Gott empfangen hat, der erkennt die unfehlbare Gültigkeit der in den heiligen Schriften geschilderten Offenbarungen, weil sie für alle Zeiten identisch sind. Auf diese Weise werden unsere Zweifel in bezug auf die Richtigkeit und Zuverlässigkeit der heiligen Schriften behoben.

> *Über die Güte und Gnade Gottes, darüber sollen sie sich freuen. Das ist besser, als was sie an irdischen Gütern aufhäufen.* (10:58)

Die einzige beständige Quelle der Freude, die der Mensch nicht verlieren kann, ist die Stufe der inneren Entwicklung, die er in der Meditation erreicht. Die Offenbarungen, die er auf diesem Weg von Gott empfängt, verlassen ihn niemals, während alles, was er auf dieser Welt anhäuft, von keinerlei Wert für seine unsterbliche Seele ist. Sure 10:61 spricht von der Allgegenwart und Allwissenheit Gottes:

> *Du verrichtest nichts, und du trägst von diesem (Buch) keinen Teil des Korans vor, und ihr betreibt kein Werk, ohne daß Wir über euch Zeugen sind, wenn ihr darin befangen seid. Und auch nicht eines Stäubchens Gewicht ist auf Erden oder im Himmel verborgen vor deinem Herrn. Und es gibt nichts, ob kleiner noch größer, das nicht in dem deutlichen Buch aufgezeichnet ist.*

Dieser Vers spricht davon, daß Gott alles Seiende durchdringt, also in allem gegenwärtig ist und somit über jeden Menschen wacht, gleichgültig, was er gerade tut. Dieser Vers will jedoch den Menschen nicht etwa Angst machen vor einer solchen Übermacht, sondern er will etwas anderes deutlich machen: Das Lesen der heiligen Schrift für sich genommen hilft dem Menschen nicht im geringsten dabei, sich in seinem täglichen Leben wirklich der Gegenwart Gottes bewußt zu sein. Darüber gelesen zu haben, wird ihm nicht helfen, wenn er gerade etwas Unrechtes vorhat, denn der Gedanke an Gottes Gegenwart wird ihm in diesem Augenblick nicht in den Sinn kommen. Anders ist es jedoch, wenn er im Innern mit dem Strom von Gottes Offenbarungen gesegnet ist, denn auf diese Weise weiß er zum einen, daß Gott tatsächlich in seinem Innern wohnt, und zum anderen erfährt er auf vielfältige Weise tatsächlich, wie Gott ihn in kritischen Augenblicken kontrolliert und vor schlechten Taten bewahrt und ihm zeigt, wie er in Übereinstimmung mit Gottes Willen handeln kann. Die folgende Koranstelle (10:65) weist darauf hin, wie tröstlich das Wissen darum sein kann, daß man selbst dann, wenn man sich von aller Welt verlassen oder mißverstanden fühlt, sich der Gegenwart Gottes und seines Allwissens sicher sein darf. Die Menschen mögen uns mißverstehen und uns aus niederen Motiven schmähen, aber wer um die innige Beziehung weiß, die zwischen Gott und seiner Seele besteht, der grämt sich in derartigen Situationen nicht:

> *Betrübe dich nicht über ihr Gerede; denn alle Herrlichkeit gehört nur Allah, und Er hört und weiß alles.*

Gottes Führung und Schutz war in allen Zeiten für die Menschen da, wie auch der folgende Vers (10:87) deutlich macht:

> *Wir offenbarten Uns dem Moses und seinem Bruder und sagten: "Errichtet Häuser in Ägypten für euer Volk und in diesen Häusern bestimmt eine Stätte der Anbetung. Und ver-*

richtet das Gebet und verkündet den Gläubigen frohe Botschaft."

Gott spricht hier nicht von Hütten oder Häusern aus Holz oder Stein. (So wurde diese bildliche Redeweise auch im Alten Testament falsch verstanden.) Unter dem "Exil in Ägypten", von welchem in der Geschichte des Volkes Israel die Rede ist, ist der Zustand der Seelen zu verstehen, die immer wieder in die materielle Welt geboren werden müssen und nicht in ihrer himmlischen Heimat bei Gott bleiben dürfen. Während des irdischen Lebens können sie sich aber eine "Stätte der Anbetung" errichten, indem sie jene Stelle im menschlichen Körper finden, die oberhalb der Sinne liegt und in der sie Gott begegnen können. Dies ist die "Stiftshütte", die Moses bauen sollte, und die "Kammer", von der Jesus sagte, daß man hier sein Gebet vollziehen sollte (Matth. 6,6). So spricht auch der Prophet Mohammed davon, daß die Seele in ihrem "Heim" an dieser Stelle oberhalb der Sinne, wo sie vor den Eindrücken der Welt sicher ist, Gott auf die rechte Art anbeten kann, indem sie Offenbarungen empfängt. Wer auf diese Weise mit dem Offenbarungsstrom verbunden ist, der erfährt wahrhaft frohe Botschaften von Gott. In Sure 10:91, die sich mit der Hingabe an Gott befaßt, lesen wir:

Darauf sprach Allah: "Du warst vordem zwar widerspenstig und einer von denen, die Verderben stifteten..."

Gehorsam und liebende Hingabe gegenüber Gott sind erst möglich, wenn man mit Offenbarungen gesegnet ist. Wenn dies geschieht, kann sich der Mensch in kürzester Zeit in einem erstaunlichen Maße zum besseren wandeln, da der innere Strom sein Gemüt und seine Seele mehr verändert als irgendein anderer Einfluß.

Gehorsam gegenüber Gott wird auf diese Weise nicht erzwungen, sondern zu einem inneren Bedürfnis. Sure 10:93 lautet:

> *Wir hatten den Kindern Israel eine dauerhafte Wohnung bereitet, Wir versorgten sie mit Nahrung und allerlei guten Dingen, und sie wurden erst uneins, nachdem das Wissen zu ihnen gekommen war. Doch dein Herr wird am Tag der Auferstehung zwischen ihnen entscheiden, worüber sie jetzt uneins sind.*

Dieser Vers erwähnt einige in der Religion geläufige Begriffe, die häufig falsch interpretiert werden. Die "Auferstehung" findet an jenem Zeitpunkt statt, zu dem unsere Seele sich über das Körperbewußtsein erhebt. In diesem Augenblick, in dem die Seele sich über den Bereich der Täuschung erhebt und mit Gott in unmittelbare Berührung gelangt, verfliegen alle Zweifel und Unklarheiten. Daß dies keine Prophezeiung für einen in ferner Zukunft liegenden Jüngsten Tag oder Gerichtstag ist, geht aus der einfachen Tatsache hervor, daß vorliegender Vers diesen Sachverhalt bereits für die Menschen der Vergangenheit schildert. Der Vers spricht im Präteritum über das Volk Israel: Solange die Menschen der Vergangenheit an der inneren Speise *(Mannah)* teilhatten, waren sie mit Gott im Einklang. Nur wenn die Menschen dies vergessen und intellektuelles Wissen in den Vordergrund stellen, ergeben sich Meinungsverschiedenheiten und Streitigkeiten zwischen den Menschen, wie auch zwischen Gott und den Menschen. Diese Kluft wird jedoch überwunden, wenn es der Seele gegeben ist, sich über das Körperbewußtsein zu erheben, mit dem Offenbarungsstrom in Verbindung zu gelangen und auf diese Weise das rechte Verstehen durch Gottes Inspiration zu erlangen. Wahres, göttliches Wissen wird auf diese Weise erlangt, und das äußere Zeichen dafür besteht darin, daß die Menschen nicht über Religion streiten und Gott nicht zum Grund für Spaltungen machen, sondern sich vielmehr liebevoll um den einen, allumfassenden Gott scharen.

Wer ist aber wohl ungerechter als der, der Lügen von Allah erdichtet? Diese werden ihrem Herrn vorgeführt werden. Und die Zeugen werden sagen: Das sind die, die gegen ihren Herrn gelogen haben. Ja, der Fluch Allahs kommt über die Frevler...

Dieser Vers macht eine klare Unterscheidung zwischen den Menschen, denen Gott durch seine Offenbarungen von Angesicht zu Angesicht bekannt ist, und jenen, die ohne inneres Wissen über ihn sprechen. Alles, was letztere über Gott sagen, muß im strengeren Sinne als Lüge bezeichnet werden, da sie über etwas sprechen, von dem sie nie etwas erfahren haben. Die ersteren hingegen, denen Gott sich selbst und seine Attribute offenbart, können nur die Wahrheit über ihn sagen, da sie etwas bezeugen, das sie von Gott selbst wissen.

Dies ist eine Botschaft über die verborgenen Dinge, welche Wir dir offenbaren und welche weder du noch dein Volk vorher gewußt hat. Darum verharre in Geduld; denn ein glückliches Ende finden die, die sich vom Bösen fernhalten und den geraden Pfad gehen.

Dieser Vers spricht davon, daß Gott durch seine Offenbarungen Wissen über Dinge vermittelt, die uns zuvor unbekannt waren. Denn was auch immer die heilige Schrift verkündet, allein die Lektüre davon vermag kein deutliches Verständnis von den Attributen Gottes zu vermitteln. Daher heißt es hier, daß diejenigen, die Gottes

Offenbarungen empfangen, von ihnen auf den "geraden" Pfad geführt werden und eine gute Zukunft vor sich haben, da sie vor allen schlechten Einflüssen bewahrt werden und nicht vom Pfad zu Gott abirren können. Der gerade Pfad ist der Pfad der göttlichen Offenbarungen, die die kürzeste Verbindung zwischen der Seele und Gott herstellen – eine Verbindung, bei der nichts zwischen unserem Bewußtsein und dem reinen göttlichen Geist steht.

> *Wunderst du dich über den Ratschluß Allahs? Die Barmherzigkeit und der Segen Allahs komme über euch, ihr Leute des Hauses; siehe, Er ist des Lobes und Preises wert.* (11:73)

Wie schon oft betont, befassen sich die heiligen Schriften, die Offenbarungswissen enthalten, nicht mit profanen Angelegenheiten, sondern stets mit dem göttlichen Pfad. Wenn hier von den Mitgliedern des Haushalts Abrahams die Rede ist, so bezieht sich dies auf die Gemeinschaft von Menschen um einen Propheten, die mit dem beständigen Offenbarungsstrom von Gott gesegnet sind. Sie gehören zur Gemeinschaft Gottes, da sie durch die Offenbarungen stets mit ihm verbunden sind und Kenntnis von seinen Geboten und seinem Willen erhalten. Sure 17:12 lautet:

> *Wir haben die Nacht und den Tag als zwei Zeichen geschaffen und das Zeichen der Nacht gelöscht und das Zeichen des Tages erscheinen lassen, damit ihr danach strebt, die Fülle des Segens von eurem Herrn zu erlangen, und damit ihr über die Zahl der Jahre und die Berechnung der Zeit Bescheid wißt. Und alles haben Wir im einzelnen auseinandergesetzt.*

Wenn dieser Vers von Tag und Nacht als zwei Zeichen spricht, so müssen wir dies wiederum auf den spirituellen Zusammenhang übertragen. Gott gewährt dem Propheten keine Offenbarung, um ihm zu enthüllen, was jeder Mensch von Geburt an vor sich sieht, nämlich daß die Tage auf dieser Erde in die Dunkelphase – Nacht – und die helle Phase – Tag – eingeteilt sind. Es geht hier nicht um solch triviales Wissen, sondern wenn von "Zeichen" (also Offenbarungen) die Rede ist, so bezieht sich Gott mit dem Begriff der Nacht auf die Meditation, in der der Mensch gegenüber der mit den physischen Sinnen wahrnehmbaren Welt – dem Tagesgeschehen – schläft und die Zeichen des hell strahlenden transzendenten Lichtes (gleichsam des spirituellen Tages) erfährt. Wenn dies geschieht, dann kann er sich der Güte des Herrn gewiß sein und von Gott auch alles andere Wissen empfangen. Gott vermittelt durch seine Offenbarungen Wissen auf allen Gebieten. Sure 17:82 lautet:

> *Wir senden im Koran Offenbarungen hinunter, die den Gläubigen Heilung und Gnade bringen, den Frevlern aber das Verderben nur noch vermehren.*

Dieser Vers spricht deutlich davon, daß ein Mensch, der sich nicht der Führung durch Gottes Offenbarungen anvertraut, die heilige Schrift unmöglich verstehen kann und sich daher in Zweifeln verliert. Wer hingegen Gottes Offenbarungen empfängt, erhält durch sie nicht nur göttliches Wissen, sondern auch Heilung für die Leiden seiner Seele und hat teil an der endlosen Barmherzigkeit Gottes. Wir können die heiligen Schriften in ihrem intendierten Sinn also nur durch eigene Offenbarungen begreifen, und erst dann werden wir wahrhaft Gewinn aus ihnen ziehen. Sure 20:68 lautet:

> *Wir sagten zu ihm: "Hab keine Angst! Denn du wirst siegen."*

Wer Gottes Offenbarungen erfährt und durch sie vollkommenes Wissen erlangt, dessen Leben verläuft sieghaft, und wenn die Schwierigkeiten noch so groß sind. Schließlich verwirklicht er das Ziel des menschlichen Lebens – die Rückkehr zu seinem Schöpfer – und trägt den Sieg über den Kreislauf von Leben und Tod davon.

> *Ihn (Lot) nahmen Wir in unsere Barmherzigkeit auf. Er gehört gewiß zu den Rechtschaffenen.* (21:75)

Gottes Offenbarungen sind das einzige Mittel, wodurch die Menschen Zutritt zu Gottes Gnade haben. Auch in diesem Vers ist die Rede von Gott im Plural; dies verweist darauf, daß die Menschen ihn durch seine unterschiedlichen Manifestationen, also in zahlreichen, verschiedenen Formen kennenlernen. Sie vermitteln uns nach und nach die Gnade Gottes und machen uns durch ihren läuternden Einfluß zu rechtschaffenen Menschen. Sure 42:26 erklärt:

> *Er erhört die, welche glauben und rechtschaffen handeln, und läßt ihnen im Übermaß Seine reiche Gnade zuteil werden. Die Ungläubigen aber trifft schwere Strafe.*

Wer an der Güte und dem Reichtum Gottes teilhaben möchte, der kann dies nur durch die Verbindung mit und die Vermittlung von Gottes Offenbarungen erlangen. Ohne diese Offenbarungen kann man keine Gnade von Gott erhoffen. Wer Offenbarungen sogar leugnet oder Menschen bekämpft, die von ihnen Zeugnis ablegen, der muß mit schwerer Strafe rechnen, da dies die "Sünde wider den Geist" ist, von der Jesus sprach. Wenn wir beten, ohne Zugang zu Offenbarungen zu besitzen, dann suggeriert uns bloß unser wunschhaftes Gemüt das Gefühl, unsere Gebete seien erhört worden. Tatsächliche, konkrete Antworten – die Lösungen für unsere Probleme

– vermittelt Gott in aller Klarheit durch seine Offenbarungen. In der Sure 50:42 wird noch einmal gesagt:

> *(Horcht) auf den Tag, an welchem sie den Schall der Posaune in Wahrheit vernehmen werden. Dies ist der Tag der Auferstehung.*

Hier wird – entgegen der üblichen Auffassung – wiederum nicht von einem Ereignis in ferner Zukunft gesprochen, dem sogenannten Jüngsten Gericht, bei dem alle Seelen aus ihren Gräbern auferstehen. Vielmehr ist hier die Rede von den Menschen heute, in der Vergangenheit und in der Zukunft, welche den inneren Klang der Trompete – einen der Klänge, in denen Gott sich offenbart – hört. Wer diesen Klang mit dem inneren Gehör vernimmt, dem ist gewiß, daß er auf dem Weg dieser Offenbarungen die Erlösung finden wird. Auch die Sure 51:22 wendet sich an die Menschen, die diesen inneren Weg gehen:

> *Und im Himmel ist eure Versorgung und das, was euch verheißen wurde.*

Wenn man seine Aufmerksamkeit über das Körperbewußtsein erhebt und in der "zehnten Tür" oder der "Kammer", wie Jesus es nannte, sammelt, dann erhält die Seele durch die Vermittlung der göttlichen Offenbarungen die ihr entsprechende "Nahrung". Was auch immer einem Menschen von Gott versprochen wurde, das erhält er durch die Offenbarungen Gottes. Der Begriff "Himmel" steht in seinem eigentlichen Sinn für diese innere Kammer, denn wenn das Bewußtsein dorthin zurückgezogen ist, erfährt es tatsächlich den Himmel – die innere Welt erhabener Visionen und himmlischer Klänge –, und dies geschieht nicht erst nach dem Tod, sondern bereits während des Lebens in der Meditation. In der Sure 51:47 lesen wir:

> *Den Himmel haben Wir mit Macht gebaut, und Unsere Kräfte sind wahrlich gewaltig.*

Es ist die manifestierte Gotteskraft, welche die Seele in den "Himmel" oberhalb der Sinne emporzieht. Gott wirkt durch seine manifestierten Formen, und der Mensch kann an seiner Kraft und Allgegenwart teilhaben, indem er sich mit Gottes offenbarten Formen im Innern verbindet.

> *Allah ist der Schöpfer, der Gestaltende, der Bildner. Ihn verherrlichen die schönsten Namen. Ihn preist alles, was in den Himmeln und was auf Erden ist, Ihn, den Allmächtigen, den Allweisen.* (59:24)

Dieser Vers spricht von Gott als *rabb*, als dem souveränen Allherrscher mit seinen besonderen Aspekten als Schöpfer, Urheber und Gestalter. Die Namen Gottes mögen schön und ehrfurchtgebietend sein, doch Gottes wahre Schönheit und seine tatsächlichen Eigenschaften unmittelbar erkennen kann der Mensch nur durch seine Offenbarungen. Gott ist allmächtig und allweise. Im gesamten Koran stoßen wir immer wieder auf Gottes Attribut *rabb*, wodurch Gott stets daran erinnert, daß er, der allmächtiger Herrscher, mit Hilfe seiner Offenbarungen Schöpfer, Erhalter und Erneuerer der gesamten Menschheit, des ganzen Universums ist. So wird uns immer wieder eingeschärft, daß es keine andere Möglichkeit gibt, etwas über Gott zu wissen, es sei denn durch seine Offenbarungen. So bringt die allererste Sure des Koran zum Ausdruck, daß alle Attribute Gottes mit Hilfe seiner Offenbarungen erfahrbar sind und daß Gott mit

Hilfe seiner Manifestationen die ganze Menschheit und darüberhinaus die ganze Schöpfung ins Leben ruft, sie am Dasein erhält und ihren ursprunghaften Zustand erneuert. All dies ist in dem zentralen Begriff *rabb* enthalten.

III

Ar-Raḥmān Ir-Raḥīm

Gott ist voller Gnade und Barmherzigkeit

Gott erweist seine Gnade und Barmherzigkeit den Gläubigen wie den Ungläubigen. Wie wir bereits ausführten, ist Gott in seiner manifestierten Gestalt der Urheber, also der "Vater" der ganzen Menschheit und der ganzen Schöpfung, und als liebender Vater erhält und erneuert er seine Kinder, ohne sie in Gläubige und Ungläubige einzuteilen. So irren diejenigen, die im Namen der Religion verkünden, Gottes Gnade erstrecke sich nur auf die Gläubigen (das heißt, der eigenen Religion) und mache vor den Ungläubigen halt. Gottes Offenbarungen wirken jeden Augenblick und überall, genauso wie die Sonne auf die ganze Erde scheint und alle Geschöpfe wärmt, ob sie sich dessen nun bewußt sind oder nicht. Gott wohnt in jeder Seele, und es ist nur eine Frage, ob wir lernen, uns nach innen zu wenden, um uns dieser Offenbarungen bewußt zu werden. Es bedarf keiner besonderen Religionszugehörigkeit, ja nicht einmal des Glaubens an Gott, um diesen Offenbarungsstrom zu empfangen. Gott kennt viele Wege, um einen Menschen in einem einzigen Augenblick dafür würdig zu machen, auch wenn er bis dahin ein großer Sünder gewesen sein mag. Wer einmal diesen Offenbarungsstrom kennt, der empfängt durch ihn immer wieder und auf vielfältige Weise Gottes Gnade, so daß er sich wahrhaft in seiner Obhut weiß. Gottes Gegenwart bleibt für ihn nicht abstrakt, sondern sie erweist sich als äußerst segensreich auch für sein tägliches Leben, so etwa, wenn man im Innern in bezug auf künftige Gefahren gewarnt wird und sie auf diese Weise meiden kann. Gott ist der Allerbarmer, so wie es auch der Islam bekennt, und es widerspricht dieser Überzeugung, wenn Muslims zugleich glauben, Gott teile die Menschheit in Muslime und Nichtmuslime, in Gläubige und Heiden ein.

Die Bibel lehrt den Grundsatz: *Ich bin der Herr, dein Gott, der dich aus dem Lande Ägypten, dem Sklavenhause, herausgeführt hat. Du sollst keine anderen Götter haben als mich* (Mose 20,2-3). Ganz ähnlich finden wir in Sure 2:163:

> *Und euer Gott ist ein einiger Gott; es gibt keinen Gott außer Ihm, dem Erbarmer, dem Barmherzigen.*

Wenn im Zusammenhang mit den Gedanken an den einen, allumfassenden Gott besonders seine Barmherzigkeit hervorgehoben wird, dann weist dies darauf hin, daß der Mensch, wenn er Hilfe braucht, sich stets an Gott wenden sollte, denn es gibt keinen verläßlicheren und mächtigeren Helfer als ihn. So wie Gott nicht nur für die Gläubigen da ist, so beschränkt er seine Güte genausowenig auf die Rechtschaffenen. Den Sünder mag die ganze Welt verachten, so daß er unter den Menschen keinen Freund mehr hat und sich von allen verlassen fühlt, aber als Kind Gottes hat er stets das Recht, seinen Vater um Hilfe anzurufen. Wenn es Gott nur um die Rechtschaffenen ginge, dann wäre es nicht nötig, sich den Menschen immer wieder durch seine Propheten in Erinnerung zu rufen, um sie mit seinen Offenbarungen segnen zu können. So wie die Ärzte nicht für die Gesunden, sondern für die Kranken da sind, so sind es besonders die Sünder, die der Propheten bedürfen.

> *Doch danach wendet sich Allah zu, wem Er will; denn Er ist barmherzig und bereit zu vergeben.* (9:27)

Auch dieser Vers weist darauf hin, daß es auch für die Sünder einen Weg gibt, auf dem Gott sie zu sich führen kann, und dieser Weg führt über die inneren Offenbarungen, in denen Gott sich ihren Seelen manifestiert. Damit ist auch erwiesen, daß es keine ewige Hölle oder ewige Verdammnis geben kann, denn wer auch immer sein Gesicht Gott wieder zuwendet, der wird seine Führung durch innere Offenbarungen empfangen. In Sure 9:80 lesen wir:

> *Es steht sich gleich, ob du um Verzeihung für sie bittest oder nicht. Und wenn du auch siebzigmal für sie bittest, so wird ihnen Allah doch nicht vergeben; weil sie nicht an Allah und Seinen Gesandten glaubten und weil Allah ein frevelhaftes Volk nicht leitet.*

Auf den ersten Blick mag es so scheinen, als widerspräche dieser Vers dem, was wir soeben anhand anderer Verse deutlich machten. Aber dies ist eine oberflächliche Betrachtungsweise. Vielmehr wird hier lediglich zum Ausdruck gebracht, daß der einzige Weg, zu Gottes Barmherzigkeit Zugang zu gewinnen, in seinen Offenbarungen liegt. Sant Kirpal Singh pflegte zu sagen: "Selbst wenn ihr nur einen Schritt in Richtung auf Gott macht, so kommt Gott euch tausend Schritte entgegen." Wer sich also, selbst wenn er von Zweifeln und Skepsis erfüllt ist, an Gottes Gesandten wendet, weil er sich seiner eigenen Hilfsbedürftigkeit und Unzulänglichkeit bewußt ist, dem kommt Gott tausend Schritte entgegen. Indem er mit dem Strom der Offenbarungen Gottes in sich verbunden wird, schwinden seine Zweifel von selbst, so daß sein weiterer Weg zu Gott geebnet wird. – Die Zweifel und der Unglaube eines Menschen ergeben sich daraus, wie er in der Vergangenheit dachte und handelte. Es hilft nichts, wenn wir für einen solchen Menschen noch so sehr eintreten und Gott für ihn bitten, solange dieser Mensch Gott und seinen Gesandten – den Propheten oder Meister, mit dessen Hilfe man den Offenbarungsstrom im Innern erfahren kann – ablehnt. Ungläubig in diesem Sinne ist also derjenige, der sich allein auf seine eigene Kraft bzw. auf seinen eigenen Verstand oder die Hilfe anderer Menschen verläßt. Solange er diese Haltung nicht ändert, kann ihm keine Hilfe von Gott zuteil werden, auch wenn ein anderer immer wieder Fürbitte für ihn leistete. Mit "gläubig" und "ungläubig" ist also keineswegs das Bekenntnis zum Islam bzw. aus der Sicht anderer Religionen zum Christentum, zum Hinduismus usw. gemeint. Im Gegenteil: wer sich zu einer dieser Religionen bekennt, aber Gottes Offenbarungen leugnet, der ist, obwohl er sich dafür hält, kein Gläubiger im Sinne des Koran, sondern ein Ungläubiger. Er kann von der Barmherzigkeit Gottes genausowenig wissen wie jemand, der ständig nur von Brot spricht, ohne es jemals gegessen zu haben.

Werdet ihr wohl dann erst glauben, wenn euch die Strafe trifft? Wie steht es aber jetzt, da ihr ja die Strafe beschleunigt wünschet? (10:51)

Auch hier wird davon gesprochen, daß der Glaube sich auf Gottes Offenbarungen stützt. Dies nur als Behauptung zu hören, führt noch nicht zum Glauben. So ist das einzige, was echten Glauben hervorruft, etwas selbst im Innern offenbart zu bekommen, es anzunehmen und sich danach zu richten. Selbst die heiligen Schriften, die unablässig die Gnade und Barmherzigkeit Gottes rühmen, können keinen einzigen Menschen davon überzeugen, bis er diese Eigenschaften Gottes durch innere Offenbarungen selbst erfahren hat.

> *Und was werden diejenigen, die jetzt Lügen von Allah ersinnen, am Tag der Auferstehung darüber denken? Wahrlich, Allah ist huldvoll gegen die Menschen, aber die meisten danken es ihm nicht.* (10:60)

Dieser Vers spricht sehr offen und unmißverständlich über einen merkwürdigen Sachverhalt: Obwohl Gott, wie hier einmal mehr betont wird, allen Menschen gegenüber barmherzig ist und seine Offenbarungen grundsätzlich niemandem verwehrt, glauben die meisten Menschen nicht daran, noch zeigen sie irgendein Interesse an Offenbarungen. Die meisten wollen diesen einzigen Weg, auf dem sie Gottes Gnade erfahren können, gar nicht gehen, sondern ziehen es vor, über Gott zu sprechen und zu spekulieren. Wenn sie sich so verhalten, können sie in der Todesstunde die Erlösung natürlich nicht erwarten, sondern sie bleiben so lange an den Kreislauf von Geburt und Tod gebunden, bis sie sich besinnen und sich dem wirklichen (statt dem erdachten) Gott zuwenden. Die Erlösung in der Todesstunde werden nur diejenigen erringen, die während ihres Lebens zu Gott Zuflucht nahmen, indem sie den Pfad der Offenbarungen einschlugen. Wie der Koran selbst an vielen Stellen betont, besteht ein grundlegender Unterschied zwischen bloßem Gerede, bloßer Spekulation über Gottes Gnade und Barmherzigkeit und der tatsächlichen Erfahrung davon. In Sure 10:99 lesen wir:

> *Wenn es dein Herr nur gewollt hätte, so hätten alle, welche auf der Erde gelebt haben, geglaubt. Wolltest du also wohl die Menschen zwingen, daß sie Gläubige werden sollen?*

Hier wird zum Ausdruck gebracht, daß es völlig von Gottes Willen abhängt, ob die Menschen an Gott und seine Offenbarungen glauben oder nicht, ob sie sich darum kümmern oder nicht. Daß Gott barmherzig ist, bedeutet nicht, daß er sein eigenes Gesetz mißachtet und auf wundersame Weise, gleichsam im Handumdrehen, alle Menschen zum Glauben führt. Vielmehr entspricht es Gottes Gesetz, daß wir in der Gegenwart die Früchte dessen ernten, was wir in der Vergangenheit – ob in früheren Lebensläufen oder im gegenwärtigen Leben – säten. Aus spiritueller Sicht ist es als guter Lohn oder gute Frucht solcher früheren Handlungen anzusehen, wenn sie uns in diesem Leben mit dem lebenden Propheten in Verbindung bringen und uns auf diese Weise den Zugang zu den inneren Offenbarungen eröffnen. Wenn wir von Gottes Barmherzigkeit sprechen, so heißt dies nicht, daß wir den anderen Aspekt Gottes, nämlich den Begründer und Hüter des Gesetzes, außer acht lassen. Er umfaßt stets die zwei Attribute *raḥīm* und *raḥmān*. *Raḥīm* bedeutet, daß er als Reaktion auf unsere *Karmas* bzw. das Schicksal, das sich aus unseren Aktivitäten der Vergangenheit ergibt, Zugeständnisse und Beistand gibt, soweit es sein Gesetz erlaubt. *Raḥmān* heißt, daß er seinem Wesen nach gütig und barmherzig ist. Diese beiden Aspekte von Gottes Güte wirken stets zusammen, und wer den einen um des anderen willen vernachlässigt, hat ein einseitiges, verengtes Bild von Gott. Wer Gott nur als den Gesetzgeber und den Hüter seines eigenen Gesetzes sieht, der macht Religion zu einem starren, angsteinflößenden, autoritären Gebilde, während der andere, der umgekehrt nur von Gottes Liebe und Barmherzigkeit spricht und dabei das Gesetz außer acht läßt, weder eine Erklärung für das Leid in der Welt noch eine Begründung für die Notwendigkeit einer ethischen und spirituellen Lebensweise finden kann. Sure 10:107 spricht auf etwas andere Weise von Gottes Allmacht:

> *Wenn dich Allah mit einem Übel heimsucht, so kann dich, außer Ihm, niemand davon befreien. Und will Er dir Gutes geben, so gibt es niemanden, der Allahs Gnade zurückhalten*

> *könnte. Er gibt dies, wem von Seinen Dienern Er will; denn Er ist barmherzig und bereit zu vergeben.*

Hier wird zweifelsfrei dargelegt, daß Gott allmächtig ist und daß es keine Macht im Universum gibt, die seinem Willen etwas in den Weg legen könnte. Wenn er einen Menschen segnen will, kann nichts in der Welt dies verhindern, und wenn er einem Menschen Leid schicken will (nicht aus Willkür oder gar aus bösem Willen, sondern in Übereinstimmung mit seinem Gesetz von Ursache und Wirkung, wonach jener Mensch die Folgen seines eigenen früheren Handelns zu tragen hat), dann kann ihn ebenfalls keine Macht der Welt davor bewahren. Gott ist also stets zum einen Hüter und Vollstrecker des Gesetzes und zum anderen die Quelle der Barmherzigkeit, und dies ist seit Anbeginn der Schöpfung so gewesen. Ohne dieses Gesetz könnte die Schöpfung nicht existieren, und ohne Gottes Barmherzigkeit könnte die Seele niemals den Weg zurück zu Gott finden. Sure 15:9 lautet:

> *Siehe, Wir sandten die Warnung herab, und siehe, Wir wollen sie hüten.*

Hier wird darauf hingewiesen, daß Gott den Menschen seine Weisheit herabsendet. Er bewahrt und hütet diese Weisheit und sorgt dafür, daß der Mensch damit gesegnet wird. Dies geschieht, indem ein Mensch wiederholt und beständig göttliche Offenbarungen empfängt. Wenn die Ausleger einer Religion für sich in Anspruch nehmen, über eine heilige Schrift wie den Koran zu "wachen", sich also zu Hütern von Gottes Botschaft zu machen, so unterliegen sie einem schweren Irrtum, denn Gott beansprucht diese Aufgabe für sich selbst, und er erfüllt sie durch seine Offenbarungen. Wer die heilige Schrift zu bewahren versucht, indem er sie an einer besonderen Stelle aufbewahrt und täglich aus ihr rezitiert, der gewinnt damit nicht ein Jota an Verständnis der Schrift, geschweige denn an göttlicher Weisheit.

Und Wir errichteten zwischen ihnen und den Städten, welche Wir gesegnet hatten, noch andere bekannte Städte, und Wir erleichterten die Reise dahin und sagten: "Reist nun bei Nacht und bei Tage sicher umher." (34:18)

Dieser Vers macht deutlich, daß Gott uns auf unterschiedlichen spirituellen Ebenen verschiedene Zeichen gibt. Auf diese Weise erhalten wir Führung und Aufschluß darüber, auf welcher Stufe des inneren Weges wir uns befinden, wir fühlen uns in der Gegenwart Gottes sicher und geborgen und haben das Verlangen, diesen Weg weiterzugehen. All dies geschieht in der Meditation, wenn sich die Seele in die inneren Bereiche zurückgezogen hat. Die Reise, von der hier die Rede ist, hat also nichts mit dem Körper zu tun, noch handelt es sich um äußere Städte, Häuser oder Rastplätze. Der Begriff *ḥajj*, der dem Muslim als geheiligt gilt, bezieht sich auf diese innere Reise, die ihn zu Gott zurückführt, und nicht auf äußere Pilgerreisen. Sure 40:3-4 verweist eindeutig auf das Ziel dieser Reise:

Die Offenbarung dieses Buches ist von Allah, dem Allmächtigen und Allwissenden, Der die Sünden vergibt und Reue annimmt, Der strenge bestraft, aber auch langmütig ist. Außer Ihm gibt es keinen Gott, und bei Ihm wird schließlich alles enden.

Dieser Vers erklärt, daß Gott unsere Fehler vergibt, unsere Reue annimmt und uns – und wenn nötig auch durch Strafe – von Sünde reinigt. Dies alles, so wird hier betont, dient dem einzigen Ziel, die

Seele zu Gott zurückzuführen. Dieser Weg führt durch die Stufenfolge der Offenbarungen, und derjenige, der diesen Weg geht, ist ein wahrer *ḥājji*, ein wahrer "Pilger". In der Sure 42:19 steht geschrieben:

> *Allah ist gütig gegen Seine Diener. Er beschert Gutes, wem Er will. Er ist der Starke, der Mächtige.*

Auch hier wird nicht unterschiedslos von Gottes Gnade oder Barmherzigkeit gesprochen, sondern darauf hingewiesen, daß Gott einem Teil seiner Geschöpfe – seinem Willen gemäß – diese Barmherzigkeit erweist. Gott trifft diese Wahl nicht willkürlich, sondern entsprechend den früheren Handlungen der Menschen, und er gewährt ihnen seine Barmherzigkeit in Form von Offenbarungen. Wer diesen inneren Weg findet, der ist wahrhaft mit einem glücklichen Schicksal gesegnet.

> *Allah allein ist der große Versorger, der Allmächtige, der Starke.* (51:58)

Hier wird auf Gottes Allmacht verwiesen und darauf, daß der Mensch Gottes Güte durch keinen Mittler, sondern direkt von Gott selbst empfängt. Wenn Gottes Offenbarungen uns seine Gebote überbringen, dürfen wir keinen Unterschied zwischen ihnen und Gott selbst machen. Was auch immer wir durch sie empfangen, kommt unmittelbar von Gott zu uns. Sure 54:55 besagt:

> *(Die Gottesfürchtigen dagegen befinden sich in Gärten mit Bächen) am Sitz der Wahrheit beim allmächtigen König.*

Gott ist der König, der Allmächtige oder der ruhende Punkt, um den sich die Speichen des Rades des Daseins drehen. Diesen stillen Mittelpunkt, aus dem alles hervorgeht und zu dem alles zurückkehrt, erreicht die Seele, wenn sie sich über das Körperbewußtsein erhebt und mit dem "allmächtigen König" in Verbindung kommt. Da die Offenbarungen oder Manifestationen Gottes von ihm selbst, der Wahrheit, ausgehen, wohnt ihnen keinerlei Täuschung inne, weshalb der Mensch sich ihnen rückhaltlos anvertrauen kann und soll, um aus dem Irrgarten des beschränkten irdischen Daseins freizukommen und den Weg zu Gott zurück zu finden. In Sure 57:3 finden wir:

Er ist der Erste und der Letzte, der Sichtbare und zugleich der Verborgene, und Er weiß alle Dinge.

Dieser Vers des Koran klingt den Worten Jesu in der Johannes-Offenbarung an: *"Ich bin das Alpha und das Omega, der Erste und der Letzte, der Anfang und das Ende"* (Offb. 22,13). Derselbe Gott wirkt in der den Sinnen verborgenen jenseitigen Welt wie auch in der sichtbaren materiellen Welt: er ist allgegenwärtig. Er war vor Anbeginn der Schöpfung, er ist in der Schöpfung gegenwärtig, und er wird sein, wenn seine Schöpfung nicht mehr existiert. Er ist nicht nur allmächtig und allgegenwärtig, sondern auch allwissend. Dies sind Eigenschaften, die die Vorstellungskraft des Menschen und seinen kleinen Verstand weit übersteigen. – Wenn der dritte Vers der Sure Al-Fātiḥa, wie auch zahlreiche andere, dennoch von den Eigenschaften Gottes spricht, dann zum einen nur deshalb, weil Gott es einem Menschen, in diesem Falle dem Propheten Mohammed, offenbarte. Ohne diese Offenbarungen hätte selbst der Prophet nichts von diesen Eigenschaften Gottes wissen können. Zum anderen ist es nur dann sinnvoll, über die Eigenschaften Gottes zu sprechen, wenn es auch für den begrenzten Menschen einen Weg gibt, diese Attribute Gottes zu erfassen. Dieser Weg liegt jenseits des Verstandes und der Sinneserfahrung im Innern, wo Gott der Seele durch die Stufenfolge seiner Manifestationen immer mehr von seinen Attributen offenbart. Erst auf diesem Wege kann der Mensch nach und nach etwas vom unbegrenzten Wesen Gottes erfassen.

IV

Mālike Yaum-id-Dīn

Die göttlichen Offenbarungen sind die höchste Autorität auf dem Pfad der Religion

Dieser vierte Vers ist für das Verständnis der *Al-Fātiḥa* von großer Bedeutung. Das arabische Wort *mālik* bedeutet "der höchste Herr, König, Besitzer". Der höchste Herr oder König herrscht über seine Schöpfung, und so wird bereits aus diesem Begriff ersichtlich, daß hier nicht von dem ruhenden absoluten Gott die Rede ist, sondern von dem wirkenden manifestierten Gott, also von Gott in der Gestalt seiner Offenbarungen. *Yaum-id-dīn* wird häufig mit dem Ausdruck "Jüngstes Gericht" oder "Tag der Entscheidung" wiedergegeben, eine Auffassung, die wir nicht ohne Einschränkung teilen. *Dīn* hat nämlich neben der Bedeutung von "Gericht, Urteil" auch die Bedeutung "Religion". Religion ist in ihrem eigentlichen Sinn die Wiedervereinigung der Seele mit Gott, und diese Wiedervereinigung geschieht durch die göttlichen Offenbarungen. So gelangen wir zu folgender Wiedergabe dieser Zeile: Die göttlichen Offenbarungen sind die höchste Autorität, die uns auf dem Pfad der Religion führt.

Wie bereits ausgeführt, findet das "Jüngste Gericht" nicht für alle Seelen zum gleichen, in ferner Zukunft liegenden Zeitpunkt statt, sondern der Ausdruck bezieht sich auf den Zeitpunkt in der Todesstunde, bei dem die einzelne Seele der manifestierten Gotteskraft ge-

genübertritt. Dieser Zeitpunkt ist für jeden Menschen individuell verschieden. Die Todesstunde ist von entscheidender Bedeutung für die weitere Entwicklung der Seele. Ist eine Seele noch nicht mit dem Offenbarungsstrom verbunden, dann entscheiden die Gedanken, Ziele, Wünsche und Empfindungen, welche den Menschen in seinem Streben ein Leben lang bestimmt haben und deshalb sein Bewußtsein in der Todesstunde besonders stark beschäftigen, über die Gestalt und Umstände, in die hinein seine Seele wiedergeboren wird, um die unerreichten Ziele zu verwirklichen. Auf diese Weise nimmt der Kreislauf von Ursache und Wirkung, von weiterer Verstrickung und neuen Geburten seinen Lauf. – Ist eine Seele jedoch mit dem Strom der inneren Offenbarungen verbunden, so bestimmen diese Offenbarungen in der Todesstunde darüber, ob die Seele noch einmal auf Erden wiedergeboren werden muß oder sofort zu Gott zurückkehren und damit die Erlösung finden kann. In beiden Fällen erfährt der aus dem Leben scheidende Mensch Offenbarungen von Gott – Licht, Visionen von Engeln oder Propheten, "Sphärenmusik" – im Innern. Im ersten Fall wird er, da er noch nicht gelernt hat, sich den Offenbarungen rückhaltlos anzuvertrauen und ihnen zu folgen, trotz der Anziehungskraft der höheren Offenbarungsformen seine Gedanken und Bindungen an die Welt nicht loslassen können. Deshalb sorgen die Offenbarungen, die er in der Todesstunde empfängt, dafür, daß er keine niederen Empfindungen hegen kann, so daß er zwar noch einmal in die Welt wiedergeboren werden muß, aber in jedem Fall als Mensch, um seinen inneren Pfad weiterzugehen. Hat er jedoch bereits während des Lebens eine höhere Entwicklungsstufe erreicht, dann kann er sich in der Todesstunde voller Vertrauen gänzlich dem Offenbarungsstrom überlassen und durch ihn zu Gott zurückkehren. Dies ist die Erlösung, das Ziel der Religion. So sind es Gottes Offenbarungen, die in der Todesstunde über die Seele herrschen und sie unter Kontrolle halten.

Die göttlichen Offenbarungen sind nicht nur in der Todesstunde, sondern überhaupt in der Religion als den entscheidenden Faktor anzusehen, und ein Mensch, der mit Hilfe eines Propheten oder Gesandten Gottes die Verbindung mit jenem inneren Strom von Offenbarungen erhält, ist wirklich von Gott gesegnet. Baba Sawan Singh, der Meister Sant Kirpal Singhs, sagte zuweilen: "Wenn ihr etwas von der Kompetenz eines Meisters erfahren wollt, dann solltet ihr einen seiner Schüler sterben sehen." Ein Schüler, der in der Todesstunde mit dem mächtigen Strom von Gottes Offenbarungen gesegnet ist, stirbt nicht wie ein gewöhnlicher Mensch. Seine Aufmerksamkeit wird von der Schönheit und beseligenden Kraft dieser Offenbarungen in das Jenseits emporgezogen, so daß es ihm nicht im geringsten schwerfällt, seinen Körper und diese Welt hinter sich zu lassen. Er kehrt mit Freude zu Gott zurück, um niemals wiedergeboren zu werden. So sehen wir, daß Gottes Offenbarungen in der Todesstunde eine entscheidende Rolle spielen.

Sant Kirpal Singh pflegte zu sagen, daß die Religion dort beginnt, wo die Philosophie endet. Die heiligen Schriften zu lesen und äußere Rituale zu vollziehen, kann nur der Bereitung des Bodens für die eigentliche Religion dienen. Die Saat ist erst mit den göttlichen Offenbarungen gelegt. Wer also durch einen spirituellen Meister mit diesem Strom innerer Offenbarungen verbunden wird, für den beginnt erst der Weg der Religion. Aus diesem Grunde wird im Islam behauptet, *Al-Fātiḥa* sei der Beginn allen göttlichen Wissens, denn die Verbindung mit den göttlichen Manifestationen ist der Ausgangspunkt der Religion. In der Todesstunde übernehmen diese Offenbarungen die Kontrolle über das Bewußtsein und leiten es weiter, weshalb sie als *mālike yaum-id-dīn* bezeichnet werden. *Dīn* ist wie gesagt Religion, und Religion als Verbindung mit Gottes Offenbarungen spielt in der Todesstunde die Hauptrolle, denn in dieser Stunde entscheiden die Eindrücke und Gedanken, ob und in welcher Form eine Seele noch länger an den Zyklus von Leben und Tod gebunden bleibt oder aber davon freikommt. Die Offenbarungen Gottes sind somit der Herr und Führer auf dem Weg der Seele zur Wiedervereinigung mit Gott. In Sure 2:131 finden wir:

> *Denn als sein Herr, Allah, ihm sagte: "Gehorche!", da antwortete er: "Ich habe mich dem Herrn der Menschen in aller Welt ergeben."*

Dieser Vers setzt Gehorsam gegenüber Gott mit der Ergebung gegenüber Gott gleich. Sowohl das Wissen um Gottes Gebote bzw. um seinen Willen als auch die Fähigkeit und der Antrieb, ihnen zu gehorchen und sich Gott zu unterwerfen, werden durch die göttlichen Offenbarungen eingegeben und inspiriert. Offenbarungen zu empfangen bedeutet nicht nur, daß man Visionen wahrnimmt oder Klänge hört, sondern sie sind Ausdruck der bewußten Gotteskraft und besitzen deshalb dieselben Eigenschaften wie Gott. So empfängt der Mensch durch sie Gottes Liebe und erfährt ihre beseligende Wirkung, was ihn zur Hingabe und Unterwerfung inspiriert. So ist es gerechtfertigt, Gottes Offenbarungen als den höchsten Herrn auf dem Pfad der Religion zu bezeichnen. In Sure 3:10 finden wir die strengen Worte:

> *Denen, die ungläubig sind, werden ihr Vermögen und ihre Kinder vor Allah nichts helfen. Sie werden Brennstoff des Höllenfeuers sein.*

Im Laufe eines irdischen Lebens versucht der Mensch immer wieder, sich auf unterschiedliche Art gegen Schicksalsschläge zu wappnen und sich vor Unglück abzusichern. Er mag glauben, dies durch den Besitz von Geld oder aber mit der Unterstützung seiner Kinder oder mit anderen Mitteln zu erreichen. Dieser Vers weist darauf hin, daß keine äußeren Mittel von Hilfe sein können, wenn Gott – seinem Gesetz gemäß – dem Menschen seinen früheren Handlungen entsprechendes Leid auferlegt. Vor allem aber in der Todesstunde muß der Mensch allen angehäuften Besitz und seine liebsten Angehörigen zurücklassen. Das einzige, das ihm nun helfen kann und das ihn niemals verläßt, sind die Offenbarungen, die er im Innern empfängt. Im Bereich der Religion hilft also nichts anderes als Gott selbst in seiner manifestierten Gestalt. Weiter lesen wir:

> *Sie schwanken zwischen Glauben und Unglauben, sie gehören weder diesen noch jenen an. Wen Allah in die Irre führt, für den findest du keinen Weg.* (4:143)

Hier wird einmal mehr unmißverständlich zum Ausdruck gebracht, daß diejenigen Menschen, die nicht Gottes Führung durch seine Offenbarungen annehmen, den Weg der Religion keinesfalls finden können. Sure 5:76 sagt in diesem Zusammenhang:

> *Sage ihnen: "Wollt ihr an Allahs Statt etwas verehren, was euch weder Schaden noch Nutzen bringen kann? Allah hört und weiß alles."*

Es gibt demnach nichts auf dieser Welt, das Macht über unseren Gewinn oder unseren Verlust hätte. Gewinn und Verlust, Nutzen und Schaden in bezug auf weltliche Dinge werden zu einem gut Teil von unserem Karma vorherbestimmt, so daß wir selbst nur wenig Einfluß darauf haben. Dieser Vers bezieht sich jedoch auf das, was wirklich zählt, nämlich die Religion bzw. das Verhältnis der Seele zu Gott. Hier gibt es keine Macht in der Welt, die Einfluß auf unseren spirituellen Verlust oder Gewinn hätte, denn Religion ist ausschließlich eine Angelegenheit zwischen Gott und dem Menschen, und die Verbindung zwischen beiden wird durch die göttlichen Offenbarungen beherrscht. Weiter lesen wir in Sure 7:8-9:

> *Das Gewicht, mit dem an jenem Tage gewogen wird, ist die Wahrheit. Diejenigen, die dann schwere Waagschalen haben, werden glückselig sein. Die aber, deren Waagschale zu leicht befunden wird, haben das Verderben ihrer Seele selbst verschuldet, weil sie an Unseren Zeichen gefrevelt haben.*

In der Todesstunde wird der Mensch nach seinen Taten beurteilt, und hier wird erklärt, daß jene Menschen, welche die Offenbarungen Gottes leugnen oder verachten beziehungsweise ihnen keinen Gehorsam zollen, "untergehen". Das heißt, daß sie weiter im Kreislauf von Geburt und Tod leiden müssen. Hier zeigt sich, daß das über "Sieg" oder "Untergang" entscheidende Kriterium darin besteht, ob ein Mensch sich Gottes Offenbarungen verschließt oder sich ihnen öffnet.

> *Die Befreiung (Schuldentlastung) wird von Allah und Seinem Gesandten den Götzendienern erklärt, mit denen ihr eine bindende Abmachung eingegangen habt.* (9:1)

Jeder Mensch wird in die eine oder andere Gemeinschaft geboren, da er ein soziales Wesen ist. So gehören wir, meist ohne daß wir darüber selbst entscheiden können, der einen oder anderen Religion an, wie es unserer Gesellschaft oder unserem Kulturkreis entspricht. Nachdem der Koran immer wieder deutlich macht, daß wirkliche Religion, wirkliche Anbetung Gottes nur mittels der inneren Offenbarungen verwirklicht werden kann, ist es folgerichtig, daß er all jene, die Religion durch äußere Mittel wie Rituale, Lektüre der heiligen Schrift, Pilgerfahrten und Besuch der Gotteshäuser und ähnliches mehr lehren, als Götzendiener bezeichnet. Selbst wenn wir in eine solche Religionsgemeinschaft hineingestellt wurden und mit dieser Art von äußerer Religionspraxis konfrontiert sind, sind wir gegen diese Einflüsse gefeit, wenn wir uns Gott durch seinen Gesandten – den lebenden Propheten oder spirituellen Meister – überantworten (eine "bindende Abmachung eingehen") und von dem alles beherrschenden inneren Strom der Offenbarungen Gottes gelenkt und vorangetragen werden.

> *Sprich: "Ist unter jenen, die ihr Allah beigesellt, einer, der zur Wahrheit leiten kann?" Sprich: "Nur Allah leitet zur Wahrheit." Wer ist nun eher wert, daß man ihm folge, der, welcher zur Wahrheit leitet, oder der, welcher nicht dazu leitet, es sei, er selbst werde geleitet? Wie kommt es, daß ihr so falsch urteilt?* (10:35)

Dieser Vers erinnert an Jesu Wort: *"Wenn ein Blinder einen Blinden führt, so werden beide in die Grube fallen"* (Matth. 15,14). Gott fragt, wen gibt es unter denen, die sich als Autoritäten im Bereich der Religion ausgeben, der anderen den inneren Pfad – den Pfad der göttlichen Offenbarungen – zeigen könnte? Und Gott selbst gibt die Antwort, daß die meisten von ihnen erst selbst der Führung bedürfen, bevor sie imstande sind, andere zur Wahrheit zu führen. Die einzige Macht, die den Weg zu Gott zeigen kann, ist der Strom von Gottes Offenbarungen, und nichts anderes wird die Seele in der Todesstunde auf diesem Weg zu Gott bringen. Sure 10:82 bringt zum Ausdruck:

> *Und Allah wird die Wahrheit durch Seine Worte bekräftigen, so sehr auch die Frevler sich dagegen sträuben.*

Gottes Gesetz besitzt ewige Gültigkeit, und daran kann keine Auslegung religiöser Führer oder Theologen etwas ändern. Ob der Mensch diese ewigen Gebote Gottes liebt oder nicht, hat keinerlei Einfluß auf ihre Gültigkeit. Gott teilt dem Menschen seine Gebote durch seine Offenbarungen mit, und außer ihnen gibt es keine Instanz, die die Vollmacht Gottes besitzt und im Bereich der Religion Rechtleitung zu gewähren vermag.

Und als Unser Ratschluß in Erfüllung ging, da erretteten Wir in Unserer Barmherzigkeit den Saleh und die, welche mit ihm glaubten, von der Schmach dieses Tages. (11:66)

In diesem Vers wird von Gott in der ersten Person Plural gesprochen, was stets ein Hinweis auf seine aktive, manifestierte Gestalt ist. Es sind also die göttlichen Offenbarungen, welche den Menschen am entscheidenden Tag, in seiner Todesstunde, aus der Schmach der physischen Existenz und der beständigen Wiedergeburt befreien können und die in dieser Stunde darüber entscheiden, ob er in seinem Leben den Weg der Religion gegangen ist oder nicht. Sure 11:105 lautet:

Und wenn dieser Tag kommt, dann wird keine Seele etwas zu ihrer Entschuldigung sagen können, außer mit Allahs Erlaubnis. Einige werden dann unselig, andere selig sein.

Hier wird davon gesprochen, daß die Seele am Tag des Gerichts, das heißt an jenem Tag, an dem sie den jetzigen physischen Körper für immer verläßt, vor Gott erscheinen muß und daß keine Ausflüchte ihr helfen werden. Während des Lebens können wir mit schönen Worten vor unseren Mitmenschen verhüllen, was wir an Unrecht begangen haben. In der Todesstunde jedoch helfen keine schönen

Worte mehr, da Gott in seiner manifestierten Gestalt die Wahrheit kennt und sie der Seele unverhüllt vor Augen führt. Dies ist das Gericht, das jeden Menschen beim Tod erwartet. Hiernach entscheidet sich, ob eine Seele wiedergeboren wird oder ob ihre Anhaftung an die Dinge dieser Welt so weit gelöst ist, daß sie mit dem Offenbarungsstrom zu Gott zurückkehren kann. Wenn sie noch nicht die Erlösung findet, so entscheidet wiederum die manifestierte Gestalt Gottes, auf welche Weise die Seele für die Taten im gerade abgeschlossenen Leben belohnt oder bestraft wird.

An dem Tag, da Wir von jeder Gemeinschaft einen Zeugen auftreten lassen werden, wird denen, die ungläubig sind, nicht erlaubt, sich zu rechtfertigen. (16:84)

In der Todesstunde werden wir mit den Taten unseres Lebens konfrontiert, und dabei kann niemand etwas zu seiner Entschuldigung vorbringen. In diesem Augenblick muß der Verstand schweigen, während allein die göttlichen Offenbarungen für die Seele eintreten und über ihren weiteren Weg bestimmen. Sure 19:85-87 lautet:

An dem Tag, da Wir die Gottesfürchtigen wie eine Abordnung zum Barmherzigen versammeln und die Sünder zur Hölle hinabtreiben, vermögen sie (die himmlischen Wesen) keine Fürsprache einzulegen, es sei denn, einer hat beim Barmherzigen ein bindendes Versprechen erhalten.

Auch hier wird darauf hingewiesen, daß am Tag des Gerichts allein die göttlichen Offenbarungen – Engel oder Boten Gottes – die kontrollierende Kraft darstellen. Gott selbst ist der König, aber so wie ein König seine Beamten und Gesandten hat, durch die er herrscht, so wirkt Gott durch seine Offenbarungsformen. Diejenigen Menschen, die während ihrer Lebenszeit den Manifestationen Gottes gehorchen, werden in der Todesstunde erlöst, während andere in einem erneuten irdischen Leben Lohn und Strafe für ihre guten und schlechten Taten empfangen müssen. Dieser Vers verweist auf die bedeutsame Tatsache, daß Gott seine Barmherzigkeit nicht als der absolute Gott erweist, sondern in der Gestalt seiner Offenbarungen, seiner "Engel". Wenn jemand zu seinen Lebzeiten durch eine Vision, durch die Offenbarung des göttlichen Klangs oder durch eine andere Form göttlicher Offenbarung eine bindende Zusage der göttlichen Fürsprache erhalten hat, dann ist es sicher, daß Gottes Gnade auch in dessen Todesstunde wirkt. Sonst gibt es niemanden und nichts, das sich vor dem Richterstuhl für die Seele verwenden könnte. Sure 20:109 vermittelt dieselbe Botschaft:

An jenem Tag kann keine Fürsprache helfen, außer nur dessen, welchem es der Barmherzige erlaubt und dessen Rede Ihm wohl gefällt.

Auch hier ist es wieder die offenbarte Gotteskraft – *ar-Raḥmān* – die in der Stunde des Gerichts Gnade walten lassen kann. Eine weitere Sure (21:94) spricht davon, daß die göttlichen Offenbarungen die guten Taten, das heißt das spirituelle Streben und die gottesfürchtige Lebensweise eines Menschen, gleichsam aufzeichnen, so daß keine Tat verlorengehen kann. Nicht die kleinste Tat eines Menschen kann ungeschehen gemacht werden, im Guten wie im Schlechten, und so kann derjenige, der auf dem Pfad der göttlichen Offenbarungen fortzuschreiten und Gottes Geboten zu gehorchen strebt, sicher sein, daß seine Mühe nicht vergebens ist und daß er seinen Lohn empfangen wird:

> *Wer nun gute Werke verrichtet und sonst ein Gläubiger ist, dem wird der Lohn seiner Werke nicht vorenthalten, sondern Wir schreiben sie ihm alle gut.*

In Sure 24:51 steht geschrieben:

> *Die Antwort der Gläubigen aber, wenn sie zu Allah und Seinem Gesandten hingerufen werden, daß Er entscheide zwischen ihnen, ist keine andere, als daß sie sagen: "Wir hören und gehorchen." Ihnen wird es wohl ergehen.*

Hier ist wiederum von den Gläubigen die Rede, die Gottes Stimme hören und ihr gehorchen. Wer Gottes Stimme, das heißt Gottes Offenbarung des Klangs, hört und ihr gehorcht, der ist im Einklang mit der offenbarten Gotteskraft und wird alle Segnungen Gottes erlangen. In Sure 40:51 wird versichert:

> *Unseren Gesandten und den Gläubigen aber werden Wir in diesem Leben beistehen und an jenem Tag, da die Zeugen auftreten.*

Jede Seele wird in der Todesstunde nach ihren Taten gerichtet, aber eine Seele, die bereits während des Lebens unter dem gütigen Schutz der göttlichen Offenbarungen stand, hat nichts zu befürchten, da ihr diese Gottesboten auch nach dem Tod zur Seite stehen. Die Zusicherung der Sure 44:41-42 ist ganz ähnlich:

> *Wahrlich, der Tag der Entscheidung ist der Termin für sie alle, ein Tag, an dem Herr und Diener sich nichts mehr nützen können und keinem, außer dem, dessen Allah Sich erbarmt, geholfen werden kann; denn Er ist allmächtig und allbarmherzig.*

In der Stunde der Entscheidung über den weiteren Weg der Seele können nur die Offenbarungen des allgnädigen Herrn Fürsprache für die empfängliche Seele einlegen, denn nichts sonst vermittelt und besitzt die Barmherzigkeit, deren es für die Erlösung bedarf. In Sure 50:43 wird der Kreisbogen vom Ursprung zum Ziel erwähnt:

> *Wir allein geben Leben und lassen sterben, und bei Uns wird schließlich alles enden.*

"Wir" steht für die unterschiedlichen Ausdrucksformen Gottes, die göttlichen Offenbarungen, und sie sind die Kraft, die uns Bewußtsein und Leben verleiht und uns zu Gott zurückführt, der unsere Bestimmung und unser Ziel ist. Darin besteht wahre Religion.

> *Den Himmel hat Er emporgehoben und die Waage aufgestellt, damit auch ihr gegen die Waagschalen nicht übertretet.* (55:7)

Aus dieser Sure wird deutlich, daß das Gericht über unsere Lebensführung im Himmel bzw. in der "zehnten Tür" stattfindet und daß Gottes Manifestationen die Richter sind. Gottes Manifestationen sind voll göttlicher Barmherzigkeit und Liebe, und so werden jene gesegnet, die sich über das Körperbewußtsein erheben und im Jenseits, im Reich Gottes, Himmel, oder wie auch immer wir den Bereich jenseits der physischen Welt nennen, den Manifestationen Gottes folgen. Die Menschen, die nicht bei Lebzeiten den Pfad in die innere Welt fanden, werden nicht auf diese Weise gesegnet und werden beim Tod nicht die Erlösung finden.

So beweisen zahlreiche Verse des Koran, daß Gottes Offenbarungen oder Manifestationen die Kraft darstellen, welche in der Todesstunde des Menschen entscheidend wirkt. In der Todesstunde werden wir entsprechend unserem Lebenswandel gerichtet. Hier entscheidet sich, ob wir aufgrund unseres inneren Fortschritts zu Lebzeiten nach dem Tod die Erlösung finden oder ob wir aufs neue in den Kreislauf von Geburt und Tod eintreten müssen. Gottes Manifestationen sind der höchste "Herrscher", die höchste Instanz und Autorität auf dem Pfad der Religion, und dies ist die Botschaft, welche der Koran immer wieder verkündet.

V

Iyyaka na'budu wa Iyyaka nasta'īn

Allein die göttlichen Offenbarungen führen uns zur Hingabe an Gott

Iyya bedeutet "nur dich, dich allein", womit in unserem Zusammenhang darauf hingewiesen wird, daß nur oder allein die göttlichen Offenbarungen wirken und nichts anderes. *Ka* bezieht sich auf die "Offenbarungen Gottes". *Na'budu* leitet sich von dem Verb *'abada* ab, welches "dienen, verehren" bedeutet. Von demselben Verb stammt das Substantiv *'ibādat* ab, welches die Verehrung und Unterwerfung oder Selbsthingabe an Gott bezeichnet. Die Anbetung oder Verehrung Gottes *(na'budu)* ist es, was *'ibādat*, Selbsthingabe bewirkt. Jede Handlung, die im Gehorsam gegenüber Gott geschieht, ist einem überlieferten Wort (Hadith) des heiligen Propheten des Islam zufolge *'ibādat*. Wenn wir also Gottes Gebote kennen und ihnen Folge leisten, dann ist dies *'ibādat*. Gottes Gebote werden uns stets durch seine Offenbarungen mitgeteilt. So macht der erste Teil dieses fünften Verses von *Al-Fātiḥa* (der wörtlich lautet: "Dir allein dienen wir") deutlich, daß allein Gottes Offenbarungen die Selbsthingabe bewirken können, da wir nur durch sie Gottes Gebote empfangen und von ihnen die Inspiration erhalten, diese Gebote zu befolgen.

Nasta'īn, vom Verb *yasta'īnu*, "um Beistand oder Hilfe beten, flehen", umfaßt in seiner Bedeutung die völlige Demut und Ergebenheit. Das Verb bezieht sich auf etwas völlig Hingegebenes, das so, wie der Staub der Erde die Fußstapfen der Menschen aufnimmt, den Abdruck eines Gegenstandes annimmt. So kommt in diesem zweiten Teil des fünften Verses von *Al-Fātiḥa* zum Ausdruck, daß Gott allein durch seine allmächtigen Offenbarungen die Quelle aller Hilfe ist, aber auch daß dem Gottergebenen wie der weiche Staub der Erde durch den stetigen Empfang der göttlichen Offenbarungen die "Fußabdrücke" Gottes aufgeprägt werden und die göttlichen Attribute in ihm zur Entfaltung kommen. Allein durch die Offenbarungen Gottes empfangen wir wahre Hilfe in der konkreten irdischen Not sowie Beistand auf dem Weg zu unserem hohen Ziel der Erlösung; und allein auf dem inneren Pfad von Gottes Offenbarungen nehmen die Attribute Gottes in uns selbst Gestalt an. So sagt diese Zeile – wörtlich: "Zu Dir allein flehen wir um Beistand" – in ihrer Gesamtheit nichts anderes aus, als daß allein die göttlichen Offenbarungen uns auf dem Pfad zur Unterwerfung gegenüber Gott führen.

'Islām* bedeutet Selbstübergabe oder Hingabe an Gott, und diese Hingabe wird erst durch Offenbarungen möglich. So können wir folgerichtig sagen, daß wir erst wahrhafte Anhänger des Islam sind, wenn wir den inneren Pfad von Gottes Offenbarungen gehen. Islam, so wie ihn der Prophet Mohammed in Übereinstimmung mit allen Propheten Gottes, die vor ihm und nach ihm kamen, verkündete, bedeutet Selbstunterwerfung gegenüber Gott auf dem Weg innerer Offenbarungen. Solche Gottergebenheit hat nichts mit äußeren Ritualen und äußeren Formen der Anbetung zu tun. Es nützt nichts, wenn wir unseren Körper im Gebet niederwerfen, solange wir uns nicht mit Herz und Verstand Gott unterwerfen.

Nun mag sich die Frage aufdrängen, warum es vielen Menschen nicht gegeben ist, diesen inneren Weg der Religion zu finden, und die Antwort lautet, daß dies aufgrund unserer früheren Karmas vorherbestimmt ist. Wenn unsere früheren Handlungen nicht den Boden bereitet haben, dann sind wir noch nicht in der Lage, den inneren Weg einzuschlagen. Da wir Gottes Gebote nur durch seine Offenbarungen direkt im Innern empfangen können, und Gott sich selbst offenbart, können wir uns erst dann Gottes Führung erfreuen, wenn wir diesen inneren Weg gefunden haben. Der Koran ist kein philosophisches Werk, in dem wir die Theorie der Religion nachlesen können, so daß wir aus dem heiligen Buch bereits Gottes Weisheit schöpfen. Vielmehr beschreibt der Koran Gottes Offenbarungen, die dem Propheten Mohammed zuteil wurden. Für denjenigen, der den Koran liest, sind sie somit Wissen aus zweiter Hand, auch wenn sie für den Propheten Mohammed unmittelbare Offenbarungen von Gott waren und ihm Gottes Weisheit vermittelten. Für denjenigen, der die Niederschrift solcher Offenbarungen liest, können sie nur ein Ansporn sein, selbst den Zugang zum inneren Pfad zu finden, so daß auch er die Segnungen durch die Gotteskraft im Innern erfahren kann. Auf ähnliche Weise heißt es in den Veden: *Guru itam,* was bedeutet, daß Gott sich in seiner manifestierten Gestalt im Innern offenbart und der Seele klare Führung erweist. Dies ist dieselbe Botschaft wie die, daß Gottes Offenbarungen uns zur Selbstübergabe bewegen, so daß wir in den göttlichen Fußstapfen auf dem inneren Pfad zu Gott finden. Dies alles vermittelt immer wieder die eine Botschaft, daß echter *'Islām* nur durch Gottes Manifestationen inspiriert wird. Ohne solche Offenbarungen zu empfangen, können wir die Religion des Islam nicht verwirklichen. Sure 2:38 lautet:

> *Wir sprachen: "Entfernt euch alle von hier! Es wird euch von Mir eine Weisung zukommen; wer dieser folgt, wird weder Furcht noch Trauer kennen."*

Diese Sure gebraucht für die erste Person, in der Gott spricht, einmal den Plural: "wir", und einmal den Singular: "ich". Damit wird deutlich gemacht, daß Gott, der Eine Allumfassende, dem Menschen seine Führung in der Form seiner vielfältigen Offenbarungen gewährt. Die Führung durch Gottes Offenbarungen macht den Menschen allmählich frei von Furcht und Zweifeln. Sure 2:112 lautet:

> *Nur wer sich Allah mit ganzem Herzen ergibt und dabei rechtschaffen ist, der erhält Belohnung von seinem Herrn, und weder Furcht noch Trauer kommt über ihn.*

Die Führung durch Gottes Offenbarung inspiriert den Menschen nach und nach zur Selbstüberantwortung an Gott, und dies ist das einzige Mittel, um ihn von Furcht, Zweifeln und Reue frei zu machen. Wer sich Gott überantwortet hat, der hat nichts zu bedauern oder zu befürchten, denn für ihn liegt alles in Gottes Hand. Sure 3:19 weist eindeutig darauf hin, daß der Weg zu Gott allein über die Unterwerfung oder die Selbstübergabe führt, was wiederum nur durch den Einfluß der göttlichen Offenbarungen möglich ist:

> *Die wahre Religion vor Allah ist 'Islām (vollkommene Hingabe). Die Schriftbesitzer wurden nicht eher uneins, als bis ihnen das Wissen offenbart worden war. Da stritten sie darüber, aus Neid, miteinander. Wer aber die Zeichen Allahs leugnet, der wisse, daß Allah im Zusammenrechnen schnell ist.*

Die Botschaft der heiligen Schriften, gleich ob sie im Osten, im Westen, in der fernen Vergangenheit oder in jüngerer Zeit entstanden, ist stets identisch, da in ihnen Gottes Offenbarungen an seine Propheten niedergeschrieben sind. Für jene Menschen, die keine eigenen Offenbarungen empfangen, sind diese Schriften jedoch Bücher mit sieben Siegeln; da man sie mit dem Verstand zu begreifen sucht, was unmöglich ist, entsteht immer wieder Uneinigkeit in Fragen der Religion. Aus Uneinigkeit ergibt sich Streit und schließlich Feindseligkeit und Unversöhnlichkeit. Dieser Zustand, so erklärt der vorliegende Vers, verschwindet nur dort, wo die Mißverständnisse in bezug auf die Schriften durch eigene unmittelbare Offenbarungen beseitigt werden. Verkürzt kann man sagen, daß zwischen Menschen, die mit dem Strom göttlicher Offenbarungen verbunden sind, keine Probleme in der Auslegung der heiligen Schriften bestehen, da sie den Schlüssel zu ihrer Auslegung besitzen, und dieser Schlüssel ist für alle gleich. Diese Sure warnt zugleich davor, Gottes Offenbarungen zu verleugnen, da dies Gott nicht verborgen bleiben kann, denn der Strom der göttlichen Manifestationen ist die schnellste Verbindung zwischen Gott und unserer Seele. Sure 3:83 lautet:

Können sie sich denn etwas anderes wünschen als die Religion Allahs, wo sich Ihm doch – sei es freiwillig, sei es widerwillig – alle ergeben haben, die im Himmel und auf der Erde sind? Und zu Ihm werden sie dereinst alle zurückgebracht.

Unterwerfung gegenüber Gott führt die Seele zurück zu Gott, aber diese Unterwerfung kann keinesfalls von außen, durch andere Menschen oder den Druck der Gemeinschaft, durch menschliche Gesetze oder Gewalt erzwungen werden. Vielmehr bezieht sich dieser Vers auf die kontrollierende Kraft, die einen Aspekt der inneren Offenbarungen darstellt. Gottes Offenbarungen werden in den Veden häufig als *hota* bezeichnet, und dieses eine Wort beinhaltet drei Bedeutungen: "derjenige, der ruft, der hört, der annimmt bzw. empfängt". So haben Gottes Offenbarungen unterschiedliche Aspekte und unterschiedliche Wirkungsweisen, so daß die Seele durch sie angezogen und gleichsam in ihren Bann gezogen wird, so daß sie ihrem Zauber und ihrer überwältigenden Kraft erliegt und gar nicht anders kann, als sich Gott zu überlassen. Wer einen solchen Vers zur Entschuldigung dafür vorbringt, daß im Namen der Religion Menschen gewaltsam oder unter Zwang bekehrt werden, der ist vom rechten Verständnis ihrer Botschaft weit entfernt. Sure 3:85 erklärt:

> *Wenn sich aber einer eine andere Religion als den 'Islām (die vollkommene Hingabe an Gott) sucht, wird es nicht von ihm angenommen werden, der gehört im zukünftigen Leben gewiß zu den Verlorenen.*

Und wieder heißt es:

> *Ihr Gläubigen, ihr sollt Allah mit wahrer Ehrfurcht fürchten und dürft nicht sterben, ohne Ihm ergeben zu sein.* (3:102)

Sure 3:108 befaßt sich mit demselben Gedanken und führt ihn weiter:

> *Dies sind die Zeichen Allahs, welche Wir dir in Wahrheit offenbaren. Allah will Seine Geschöpfe nicht mit Ungerechtigkeit behandeln.*

Gott ist nicht ungerecht. Er kann seinen Geschöpfen den Ungehorsam gegenüber seinen Geboten so lange nicht verbieten, wie sie seine Gebote nicht kennen. Sie können Gottes Gebote jedoch erst dann kennen, wenn sie mit dem Strom der Offenbarungen verbunden sind, da dieser Strom der Vermittler von Gottes Willen ist. Wer Gottes Offenbarungen empfängt und so seinen Willen erfährt, dem ist damit aufgetragen, sich Gott zu unterwerfen. Sure 6:14 trifft eine strenge Unterscheidung zwischen echter und unechter Anbetung:

> *Sprich: "Soll ich mir jemanden anders als Beschützer nehmen als Allah, den Schöpfer von Himmel und Erde, Der alles ernährt und selbst keine Nahrung nimmt?" Sprich: "Mir wurde befohlen, der erste von denen zu sein, die sich Allah ergeben haben, und ja nicht zu den Götzendienern zu gehören."*

Diesem Vers zufolge ist nur derjenige ein wirklicher Verehrer Gottes, der sich Gott allein unterwirft und seine Gebote bedingungslos erfüllt. Wie bereits anhand vieler Koranstellen ausgeführt, ist diese Unterwerfung nur durch Gottes Offenbarungen möglich. Aus dieser Stelle wird ersichtlich, daß der Koran die Menschen, die Unterwerfung gegenüber Gott predigen oder vorgeben, jedoch ohne selbst in Verbindung mit dem inneren Offenbarungsstrom zu stehen, als Götzendiener bezeichnet. Sure 6:49 lautet:

> *Die aber, die Unsere Zeichen für Lüge erklären, wird dafür, daß sie gefrevelt haben, Strafe treffen.*

Wer Gottes Botschaften hört, sie jedoch verleugnet und mißachtet, wird am Ende dieses Lebens keine Erlösung finden, sondern die Folgen seiner Auflehnung gegen Gott zu tragen haben, indem er in anderen Formen wiedergeboren wird und auf Erden lebt und leidet, bis er sich Gott aufrichtig unterwirft.

> *Treibe die nicht weg, welche ihren Herrn des Morgens und des Abends anrufen und Sein Angesicht schauen wollen. Es ist nicht deine Sache, sie zur Rechenschaft zu ziehen, eben-*

> *sowenig wie sie dich zur Rechenschaft zu ziehen haben. Vertreibst du sie aber, so gehörst du zu den Frevlern.* (6:52)

Dieser Vers erklärt, daß die Menschen, die sich Gott in seinen manifesten Formen in der Meditation ergeben, die Barmherzigkeit und Gnade und damit den besonderen Schutz Gottes genießen. Sie von Gott und der Anbetung Gottes zu "vertreiben" oder abzubringen, stellt ein großes Unrecht dar. Nur die göttlichen Offenbarungen und die Führung, die sie auf dem Pfad der Religion vermitteln, gelten vor Gott als der angemessene Weg zur Hingabe an ihn. Sure 6:163 erklärt:

> *Er hat keinen Teilhaber. Dies zu bekennen, wurde mir befohlen. Und ich bin der erste von denen, die sich Allah ergeben haben.*

Wer durch Gottes Offenbarung erfahren hat, wie unvergleichlich Gott ist und wie erhaben er über alles andere ist, das wir kennen, der kann nicht anders, als sich Gott zu ergeben. Er tut dies, weil ihm durch Gottes Offenbarungen seine Weisheit zuteil wurde.

> *O Gläubige, gehorcht Allah und Seinem Gesandten und wendet euch nicht von ihm ab, wo ihr ihn doch sprechen hört.* (8:20)

Gott bedient sich zweierlei Boten, die jedoch in Wahrheit eins sind: zum einen spricht er in der Meditation durch seine Offenbarungen direkt mit dem Menschen, das heißt, er vermittelt ihm seine Botschaften unmittelbar im Innern. Zum anderen teilt er sich durch seine Propheten mit, die nichts anderes aussprechen, als was Gott ihnen im Innern offenbart. Ob Gott also durch seine wahren Propheten zu uns spricht oder sich uns direkt im Innern offenbart, es ist ein und dasselbe, und beides führt zur Hingabe gegenüber Gott.

Halte dich darum, wie dir geboten, an den geraden Pfad, du und jene, die sich mit dir Allah zugewandt haben, und überschreitet nicht die Grenzen; wahrlich, Er sieht, was ihr tut.
(11:112)

Der Prophet wandelt auf dem geraden Pfad, denn er ist stets mit Gottes Offenbarungsstrom verbunden und hat sich ihm unterworfen. Jene, die sich dem Propheten anschließen, müssen denselben Weg im Innern gehen, wozu auch sie durch Offenbarungen inspiriert werden. Durch diese Verbindung werden sie sich zunehmend bewußt, daß die Gotteskraft ihr ständiger Begleiter ist und, wie Jesus es ausdrückte, "ins Verborgene sieht", das heißt im selben Augenblick, in dem der Mensch in Versuchung gerät, vom geraden Pfad abzuweichen, schon davon weiß. Je mehr sich der Mensch dieser göttlichen Gegenwart bewußt wird, desto weniger wird er von dem geraden Pfad abweichen. Sure 16:2 lautet:

Er sendet die Engel hernieder mit der Offenbarung nach Seinem Gebot zu wem Er will von Seinen Dienern: "Ermahnet, daß es keinen Gott gibt außer Mir! Mich allein sollt ihr fürchten."

In diesem Vers ist von Gott in der ersten Person Singular die Rede, und es wird deutlich gemacht, daß er seine Engel mit klaren Botschaften zu den Menschen entsendet – Engel sind die Boten Gottes. Der Begriff "Engel" ist in Wahrheit nur eine andere Bezeichnung für Offenbarungen, die Gott dem Menschen entweder in Form von Visionen oder auch als eine Stimme gewährt. Während es zahlreiche

Offenbarungen gibt, so zeugen sie doch alle nur von dem einen göttlichen Willen und dem einen allumfassenden Gott. In Sure 16:28 finden wir den Hinweis:

> *Die, die die Engel sterben lassen, indes sie wider sich selbst sündigen, werden die Unterwerfung anbieten.*

Es wurde bereits von der kontrollierenden Kraft der göttlichen Offenbarungen gesprochen. Es gibt Offenbarungen, sowohl vom Licht als auch solche des Klangs, die eine anziehende, beseligende Wirkung haben und die Seele mit Frieden erfüllen. Daneben gibt es aber auch solche Arten von Licht und Klang, welche die Aufgabe haben, den Menschen von einem Fehler bzw. von einer Sünde abzuhalten. Sie sind eher von mächtiger, eindringlicher Natur, so daß sie das Bewußtsein unter Kontrolle bringen, wenn es unter dem Einfluß des Gemüts in die falsche Richtung geht, und zur verkehrten Handlung unfähig machen. Dies ist die Bedeutung von dem Ausdruck, daß die Engel – die Offenbarungen – den Menschen, während sie sündigen, das "Leben" entziehen. Wenn der Strebende auf dem inneren Pfad immer wieder feststellt, daß die allgegenwärtige Gotteskraft, so wie sie sich ihm offenbart, nicht nur um seine Taten weiß, sondern auch in der Lage ist, ihn von innen her auf den richtigen Weg zu stellen und vor Sünde zu bewahren, dann wird er sich letztlich dieser Kraft übergeben. Sure 16:102 erklärt über die Natur der Offenbarungen:

> *Sprich: "Der heilige Geist hat ihn (den Koran) von deinem Herrn in Wahrheit herabgesandt, um die Gläubigen zu stärken, und als Leitung und Frohbotschaft für die, die sich Allah ergeben haben."*

Hier wird die Betonung darauf gelegt, daß die Offenbarungen, die man im Innern empfängt, in Wahrheit und aller Genauigkeit die Botschaft vermitteln, die von Gott selbst kommt. Es kann in der Tat keine genauere Kommunikation geben als die zwischen Gott und der Seele durch Offenbarungen. Sure 17:36 führt dies genauer aus:

> *Auch folge nicht dem, wovon du keine Kenntnis hast. Wahrlich, das Ohr, das Auge und das Herz – sie alle werden einst zur Rechenschaft gezogen.*

Hier wird darauf hingewiesen, daß vor Gott keine Art der Anbetung oder scheinbaren Unterwerfung und Frömmigkeit Bestand hat, die nicht auf innerem Wissen beruht. Der Vers warnt: wenn wir vor Gottes Angesicht treten, dann gilt nur die Unterwerfung, die echt ist, weil sie auf der Offenbarung des göttlichen Lichts, des göttlichen Klangs und des göttlichen Wortes oder *soma*-Stroms (göttliche Seligkeit und Weisheit) beruht. Gott weiß zweifellos, was er einem Menschen offenbart hat und ob seine Unterwerfung echt ist. In Sure 17:85 unterweist Gott den Propheten:

> *Man befragt dich nach dem Geist (der Offenbarung). Sprich: "Der Geist ist auf Befehl meines Herrn geschaffen, aber ihr habt nur wenig Wissen erhalten."*

Hier wird das Wesen der Offenbarungen in knappen Worten deutlich gemacht: Zum einen ist derjenige, der sie getreu dem Auftrag Gottes ausspricht, nicht für ihren Inhalt verantwortlich, sondern er spricht nur auf Geheiß Gottes. Zum anderen werden Offenbarungen ganz präzise auf die jeweilige Situation abgestimmt vermittelt. "Wenig Wissen" bedeutet, daß eine Offenbarung für sich genommen jeweils einen Wissens*ausschnitt* gewährt – also Führung auf die Weise und in dem Maße, wie es die jeweilige, gegenwärtige Situation erfordert. Wer sich, wie der Prophet, Gott überantwortet hat, der plant nicht den morgigen Tag, sondern handelt in der Gegenwart entsprechend der unmittelbaren Inspiration durch Gottes Offenbarung. Sure 32:15 spricht von der Wirkung von Offenbarungen auf das Wesen eines Menschen:

> *Nur diejenigen glauben wirklich an Unsere Zeichen, die, wenn sie damit gemahnt werden, in Anbetung niederfallen und ihren Herrn preisen und nicht hochmütig sind.*

Wer einen geringeren Grad der Vollendung auf dem inneren Weg erlangt hat, der mag vorübergehend Gefahr laufen, die Offenbarungen, die er empfangen hat, seinem eigenen Verdienst oder Wissen zuzuschreiben. Ein solcher Mensch wird stolz und überheblich und vergißt allzuleicht, daß er sein Wissen ausschließlich der Barmherzigkeit Gottes verdankt. Gottes Offenbarungen kennen jedoch vielfache Wege, um einen solchen Menschen wieder auf den rechten Weg zu bringen und ihn daran zu erinnern, wem er für sein Wissen Lob und Dankbarkeit schuldet. Er wird seinen Stolz dank der inneren Führung überwinden und sich in Anbetung vor Gott verneigen.

Wir begegnen auf dem Gebiet der Religion zahllosen Arten der Anbetung Gottes, wie etwa die Heiligenanbetung oder die Anrufung der sogenannten Fürbitter und ähnliches mehr. Wer nicht selbst im Innern Gottes Willen erfährt, kann durch diese Formen der Anbetung, wie sie die Menschen erfunden haben, leicht in Verwirrung geraten. Wer jedoch Offenbarungen empfängt, dem kommen keinerlei Zweifel daran, daß seine Anbetung allein dem höchsten Herrn gebührt und niemandem sonst. Sure 42:13 verweist darauf, daß Gottes Gesetz nicht nur in einer bestimmmten Religion oder von einem bestimmten Propheten verkündet wurde und sich auch nicht auf die Gemeinschaft einer Religion beschränkt, sondern zu allen Zeiten dieselbe Gültigkeit besaß und zu allen Zeiten den Menschen auf dieselbe Weise offenbart wurde:

> *Er hat für euch denselben Weg und dieselbe Religion angeordnet, welche Er dem Noah befohlen hat und welche Wir dir offenbarten und die Wir auch Abraham, Moses und Jesus befohlen hatten – Wir sagten: "Beobachtet diese Religion und macht keine Spaltungen." Die Verehrung Allahs, zu welcher du sie einlädst, ist den Götzendienern unerträglich, aber Allah erwählt, wen Er will, und leitet den zu ihr hin, welcher sich zu Ihm wendet.*

Hier wird unzweideutig klargemacht, daß die Unterschiede, welche die Menschen zwischen den Religionen machen, in krassem Widerspruch zu Gottes eigener Botschaft stehen. Gott erklärt hier seinem Propheten, daß er dasselbe Gesetz, dieselbe Lebensweise und denselben Glauben den Propheten aller Zeiten auftrug und durch sie verkünden ließ, damit zu allen Zeiten Religion auf die rechte Weise gelehrt würde. Alle Propheten haben dasselbe ewige Gesetz Gottes verkündet, aber zu allen Zeiten war dies den "Götzendienern" ein Dorn im Auge, da sie nicht wirklich daran interessiert sind, Gott anzubeten, sondern im Namen Gottes Macht und Besitz genießen wollen. Zwischen diesen Menschen, die Religion nur zum Zwecke ihrer eigenen Ziele benutzen, und denen, die Gott nach eigenem Willen auserwählt, wird stets eine Kluft bleiben. Sure 72:14 eignet sich als Zusammenfassung des Themas, das wir in diesem Kapitel behandeln:

> *Und unter uns gibt es solche, die Allah ergeben sind, und solche, die vom rechten Wege abweichen. Und die*

sich ergeben – diese haben den rechten Weg gesucht.

Die Unterwerfung gegenüber Gott ist die rechte Art der Religionsausübung. Diese Unterwerfung ist nur möglich, wenn der Mensch Gottes Offenbarungen empfängt, da er nur auf diese Weise die Botschaft und die Gebote Gottes erfahren und ihnen gehorchen kann. So ist deutlich geworden, daß die Ausübung der Religion und die Selbstüberantwortung an Gott nur durch die Manifestationen Gottes möglich sind, die gleichsam die Fußstapfen sind, denen wir nur nachzufolgen brauchen, um zu Gott zu gelangen.

VI

Ihdinas Sirāt'al-Mustaqīm

Die göttlichen Offenbarungen führen alle zum geraden Pfad

Ihdi heißt "führen" in der dreifachen Bedeutung a) "zeigen", b) "hinführen zu" und c) "führen (auf)". *Ṣirāt al-mustaqīm* bedeutet "der gerade Pfad oder Weg". Der gerade Weg zu Gott ist gleichzeitig der kürzeste Pfad zu Gott und besteht, wie aus unseren bisherigen Ausführungen hervorgegangen ist, in den Offenbarungen Gottes. So gelangen wir zu folgender Wiedergabe dieses sechsten Verses von *Al-Fātiḥa*: Die göttlichen Offenbarungen führen alle zu und auf dem geraden Pfad. Ein gerader Weg ist die kürzeste Verbindung zwischen zwei Punkten. Im Bereich der Spiritualität ist es die unmittelbare Verbindung zwischen der Seele und Gott. Wenn nichts zwischen der Seele und Gott steht, sondern sie unmittelbar miteinander verbunden sind, dann ist dies die kürzeste Verbindung zwischen beiden, gleichsam eine Gerade. Diese kürzeste Verbindung zwischen der Seele und Gott ist der "gerade Pfad" zu Gott, von welchem dieser Vers spricht. Er liegt in den göttlichen Offenbarungen, denn diese Offenbarungen oder Manifestationen Gottes tragen Botschaften zwischen der Seele und Gott hin und her, ohne daß irgendetwas anderes dazwischensteht. Der Vers 29:70 lautet:

Und diejenigen, die sich um Unseretwillen abmühen, werden Wir gewiß auf Unseren Wegen leiten.

Wir könnten nicht einmal nach Gott streben, wenn er sich nicht selbst offenbarte, da wir dann nichts von seiner Existenz wüßten. Gott selbst ist es, der den Wunsch in uns entfacht, ihm näher zu kommen. Haben wir auf unserer Suche den Punkt erreicht, an dem wir von Gottes Gesandten (d.s. die Propheten oder spirituellen Meister) lernen, uns über das Körperbewußtsein zu erheben und durch das "zehnte Tor" in das Himmelreich einzutreten, dann sind es die dort in der Meditation empfangenen göttlichen Offenbarungen, welche unsere Sehnsucht nach Gott immer weiter entfachen. Je höher die Stufe der Offenbarungen, desto mehr wird unser Hunger gestillt und zugleich verstärkt, denn Gottes Manifestationen geben uns Nahrung und vermehren zugleich unser Verlangen nach immer höheren Offenbarungen. Sure 47:18 lautet:

Diejenigen aber, die rechtgeleitet sind, bestärkt Er noch in ihrer Rechtleitung und verleiht ihnen ihre Gottesfurcht.

Von der Kontrolle, welche manche Arten der göttlichen Offenbarungen ausüben, war bereits im vorigen Kapitel die Rede. Der Klangstrom übt eine solch starke Wirkung auf die Seele aus, daß sie über das Reich der Sinne emporgezogen wird und sich mit Gott vereinigt. Gott ist unser Ziel, und wenn wir zu ihm zurückkehren, dann bedeutet dies, den Pfad der Religion zu gehen. So bedarf es der kontrollierenden Kraft göttlicher Offenbarungen, um zu Gott zurück zu gelangen. Sure 2:2-4 handelt von diesem geraden Pfad und der Gewißheit, welche das innere Wissen vermittelt:

Dieses Buch – es ist vollkommen, nichts ist zu bezweifeln – ist geoffenbart als Rechtleitung für die Gottesfürchtigen, die

> *den geraden Pfad gehen, die an das Unsichtbare glauben, das Gebet verrichten und von dem, was Wir ihnen an Gut beschert haben, Almosen geben und an das glauben, was Wir als Offenbarung zu dir herabsandten, auch an das, was zu den Gottesmännern vor dir herabgesandt worden ist, und die vom künftigen Leben fest überzeugt sind.*

Da Gottes Gesetz ewig ist, offenbart er sich auch den Menschen zu allen Zeiten auf identische Weise. Nichts ist zuverlässiger als die Offenbarungen, die man im Innern empfängt, und da sie zu allen Zeiten gleich sind, findet man die eigenen Erfahrungen bestätigt, wenn man beim Studium der heiligen Schriften aller Zeiten feststellt, daß dort von denselben Arten göttlicher Offenbarungen die Rede ist. Der Vorgang, bei dem man sich über das Körperbewußtsein erhebt und im Innern Offenbarungen empfängt, ist der gleiche wie in der Todesstunde, da sich auch hier die Seele vom Körper trennt, wenn auch diesmal für immer. Wer diesen inneren Pfad geht, wird erkennen, daß es ein Leben nach dem Tode gibt, und nicht nur das – er betritt bereits während des Lebens jene Welt, in die er nach dem Tode gehen wird. Sure 2:5 lautet:

> *Sie sind von ihrem Herrn rechtgeleitet, und sie werden Erfolg haben.*

So wie die Bibel davon spricht, daß man auf dem inneren Pfad die "Krone des Lebens" erringt, so spricht dieser Vers davon, daß man unter Gottes Führung mit Hilfe seiner Offenbarungen den Weg zu Gott siegesgewiß zurücklegen wird – das "Abmühen um Gottes willen" (29:70) wird mit Erfolg belohnt. Sure 3:101 erklärt:

> *Wie könnt ihr nun Ungläubige werden, da euch die Zeichen Allahs vorgelesen werden und Sein Gesandter unter euch ist? Wer da an Allah festhält, der wird fürwahr auf den geraden Weg geleitet.*

Gottes Offenbarungen geben uns Gewißheit hinsichtlich der göttlichen Weisheit. Wenn wir in bezug auf irgendeine Offenbarung Zweifel hegen, dann wird sie uns noch einmal vermittelt, so daß diese Zweifel ausgeräumt werden können. Auf diesem Weg bleibt kein Raum für Zweifel. Darüber hinaus sind die Menschen, die diesen inneren Pfad gehen, mit dem Propheten verbunden, der unter ihnen lebt. Er ist bevollmächtigt und fähig, auf vielfältige Weise unsere Einsicht und Gewißheit zu stärken und alle Zweifel aus unserem Gemüt auszuräumen. So helfen uns beide dabei, unbeirrbar an Gott festzuhalten und zielstrebig seinen Offenbarungen zu folgen. So wird der Pfad, der zu Gott zurückführt, leicht. In Sure 3:51 lesen wir:

> *Wahrlich, Allah ist mein Herr und euer Herr; so betet Ihn an: dies ist der gerade Weg.*

Die Anbetung Gottes, die darin besteht, den kürzesten Pfad oder den geraden Pfad zurück zu Gott zu gehen, ist der rechte Pfad oder die rechte Ausübung der Religion. Wer diesen Pfad geht, der wird von allen Zweifeln frei, so wie es in Sure 3:60 zum Ausdruck gebracht wird:

> *Dies ist die Wahrheit von deinem Herrn, so sei nicht der Zweifler einer.*

Sure 4:67-68 lautet:

> *Dann hätten Wir ihnen gewiß einen großen Lohn von Uns aus gegeben; und Wir hätten sie sicher geleitet auf den geraden Weg.*

Dieser Vers betont, daß Gott sich selbst manifestiert, daß er dem Menschen "von sich selbst" gibt und ihn selbst auf dem rechten Pfad führt. Es gibt keinen einzigen Weg, auf dem diese unmittelbare Gabe Gottes, bei der er sich selbst dem Menschen gibt, möglich ist, außer dem Weg der inneren Offenbarungen. Auf diesem Weg wird der Unterschied zwischen Gott und der Seele aufgehoben, indem die Seele mit dem Tonstrom verschmilzt und sich nicht mehr als verschieden von Gott erfährt. Wenn Gott sich selbst der Seele geben soll, kann kein Mittler dazwischen stehen – kein Mensch, kein Buch und sonst kein materieller Gegenstand, ja, nicht einmal der Verstand oder das Herz des Menschen. Es ist ein Weg, bei dem das kleinere Bewußtsein (das individuelle Bewußtsein des Menschen) durch das Allbewußtsein Gottes genährt und gestärkt wird, so daß es sich weitet und immer mehr des göttlichen Bewußtseins in sich aufnehmen kann. Eine direktere Beziehung zwischen Gott und Seele als die durch Gottes Offenbarungen kann es nicht geben. Sure 6:126 erläutert:

> *Dies ist der Weg deines Herrn, der gerade. So haben Wir Unsere Zeichen den Leuten deutlich gemacht, welche sie auch beherzigen wollen.*

Hier wird deutlich, daß Gottes Pfad den Menschen in die entgegengesetzte Richtung von dem führt, womit er sich normalerweise in seinem Leben befaßt. Um den Pfad der inneren Offenbarungen aufzunehmen, muß der Mensch sich von außen nach innen wenden, denn nur dort, jenseits der physischen Sinne, kann er den geraden Pfad finden. Sure 6:153 nimmt dasselbe Thema auf:

> *"Dies ist Mein Weg, der gerade." So folget ihm; und folget nicht den anderen Pfaden, damit sie euch nicht weitab führen von Seinem Weg. Das ist es, was Er euch gebietet, auf daß ihr euch vor Bösem hütet.*

Religion, so wie wir sie kennen, umfaßt eine Vielzahl von Wegen der Anbetung Gottes, während die heiligen Schriften stets betonen, daß es zu allen Zeiten immer nur einen Weg gegeben hat, der zu Gott führt. Solange wir mit Verstand und Sinnen der äußeren Welt der Materie verhaftet sind, lassen wir uns allzuleicht von dem beeinflussen, was andere Menschen im Namen der Religion vollziehen, denn wir haben nichts anderes kennengelernt, als was unsere Mitmenschen uns lehren. Wenn wir jedoch den inneren Pfad gefunden haben, dann werden wir durch die Offenbarungen, die wir in uns erfahren, gestärkt, so daß wir uns aus eigener Kraft vor falschen Wegen hüten können. Sure 6:161 bestätigt, daß dies der Pfad ist, den Gott den Menschen selbst weist:

> *Sprich: "Mich hat mein Herr auf einen geraden Weg geleitet, zum wahren Glauben, dem Glauben des Abraham, des Aufrechten. Und er war kein Götzendiener."*

So wird auch hier deutlich, daß die Menschen zwar immer wieder neue Wege eingeschlagen haben, die angeblich der Anbetung Gottes dienen, Gott selbst jedoch seine Auserwählten zu allen Zeiten auf ein und demselben Weg führte. Dies galt für Abraham und Moses genauso wie für Jesus und für Mohammed. Auch Sure 7:178 betont, daß auf dem geraden Weg Gott selbst der Führer ist:

> *Wen Allah leitet, der ist auf dem rechten Pfade. Wen Er aber in die Irre führt, der ist wahrhaft verloren.*

Wo Gott selbst den Menschen führt, kann er nicht in die Irre gehen. Der Satz "Wen er in die Irre führt, der ist wahrhaft verloren" betont, daß der Mensch absolut auf Gottes Führung angewiesen ist, um den rechten Weg zu finden. Wer aufgrund seines früheren Karmas weder in der Lage noch bereit ist, sich Gottes Führung anzuvertrauen, sondern auf die Eingebung seines eigenen Gemüts und Verstands baut, der unterliegt der Täuschung und ist vom rechten Pfad noch weit entfernt. Sure 10:25 erläutert, welchen Segen der gerade Pfad mit sich bringt:

Und Allah ladet ein zu der Wohnung des Friedens und leitet, wen Er will, auf den geraden Weg.

Gottes Offenbarungen vermitteln nicht einfach nur Lichtvisionen oder Klänge oder andere Erfahrungen, sondern auch die Attribute Gottes. Auf den höheren Entwicklungsstufen des spirituellen Pfades erfüllen die Manifestationen Gottes die Seele zunehmend mit einem Frieden, den sie nie zuvor gekannt hat. Gottes "Einladung" erfolgt durch den Fortschritt auf dem inneren Weg. Jede Offenbarung erfüllt die Seele mit dem Verlangen nach der nächsthöheren, so daß Gott sie einlädt, immer neue Ebenen im Reich Gottes kennenzulernen. Wie in zahlreichen anderen Versen wird auch hier betont, daß Gott selbst die Menschen auswählt, denen er diese Führung gewährt, und dies geschieht nicht willkürlich, sondern entsprechend den Handlungen (Karmas) jedes Menschen. Bei dem einen Menschen ist der Boden bereits für die Saat vorbereitet, während ein anderer noch seinen Ackerboden von Steinen und Disteln (sprich: Hindernissen) frei machen und bereinigen muß. In Sure 10:108 lesen wir:

Sprich: "O ihr Menschen, nun ist die Wahrheit zu euch gekommen von eurem Herrn. Wer nun dem rechten Weg folgt, der folgt ihm allein zum Heil seiner eigenen Seele, und wer in die Irre geht, der geht nur zu seinem eigenen Schaden irre. Und ich bin nicht ein Hüter über euch."

Gott führt den Menschen nicht deshalb auf dem geraden Pfad zu sich zurück, weil es für Gott selbst von Nutzen wäre – also aus eigennützigen Motiven, die es bei Gott nicht geben kann –, sondern weil dies dem Menschen zum Segen gereicht. Umgekehrt sündigt der Mensch, der diesen Pfad verleugnet, vor allem wider sich selbst, das heißt, er handelt gegen seine eigenen Interessen. Wenn er sündigt, muß er selbst dafür leiden, und daran kann niemand etwas ändern, da das Leid dann seinem Schicksal entspricht. So ist es in der Religion nicht gestattet, daß irgendjemand einen anderen zu seinem Heil zwingt oder überredet, denn die spirituelle Führung ist Aufgabe der göttlichen Offenbarungen selbst, und sie wird demjenigen zuteil, dessen Schicksal sie entspricht.

Und folge dem, was dir offenbart ward, und sei standhaft, bis Allah Sein Urteil spricht, denn Er ist der beste Richter. (10:109)

Hier wird darauf hingewiesen, daß der Schüler auf dem inneren Pfad unbedingtes Vertrauen zu den göttlichen Offenbarungen haben sollte. Als zweites sollte er ihren Anweisungen unbedingten Gehorsam leisten und auf diesem Weg standhaft sein in dem Wissen, daß Gott seine Gedanken, Worte und Taten kennt. Er kann dann sicher sein, daß er die Erlösung vom Kreislauf der Wiedergeburten erlangt. In Sure 11:49 lesen wir:

Dies ist eine Botschaft von den verborgenen Dingen, welche Wir dir offenbaren und welche weder du noch dein Volk vor-

her kannte. So harre geduldig aus. Denn das glückliche Ende ist für die Gottesfürchtigen, die den geraden Pfad gehen.

Hier wird darauf hingewiesen, daß eine Offenbarung für uns etwas völlig Neues sein kann. Es mag beispielsweise sein, daß wir eine bis dahin noch nie erfahrene Art von Licht im Innern sehen oder einen noch nie gehörten Klang hören oder weitere Offenbarungsarten empfangen bzw. durch eine Offenbarungsart eine Botschaft von Gott erfahren, die uns völlig neu ist. Neu ist eine Offenbarung also nur in bezug auf die konkrete Person, die sie empfängt. Es wäre jedoch ein Irrtum zu glauben, der Prophet behaupte mit diesem Vers, daß die Offenbarungen, die er von Gott empfange und im Koran niederlege, etwas vollkommen Neues seien, das Gott der Menschheit überhaupt noch nie enthüllt habe. Was die heiligen Schriften aufgrund von Gottes Offenbarungen beschreiben, vermittelt stets dieselbe Botschaft wie der Inhalt aller bereits existierenden Offenbarungsschriften. Auch sollte man nicht glauben, daß bereits die Lektüre dieser Offenbarungen in der heiligen Schrift dem Lesenden die Offenbarung selbst vermittle. Vielmehr wird hier geraten, Geduld zu haben und zu warten, bis man selbst die identischen Offenbarungen von Gott empfängt und somit auf dem inneren Pfad geführt wird. So macht dieser Vers deutlich, daß Offenbarungen ihrem wahren Zweck nur dann dienen, wenn sie einer Seele unmittelbar zukommen, wohingegen Wissen aus zweiter Hand, wie es eine heilige Schrift vermittelt, nicht denselben Zweck erfüllen kann. Sure 15:45 lautet:

Die Gottesfürchtigen werden mitten in Gärten und Quellen wandeln.

Dieser Vers spricht davon, daß die Seelen, die sich den göttlichen Offenbarungen überlassen, in das "Paradies" jenseits der Sinne emporgezogen werden und den beständig fließenden Klangstrom hören, der von Gott ausgeht. Dieser Klangstrom erfüllt die Seele mit Glückseligkeit, Frieden, Kraft und Leben, und insofern läßt er sich mit einer erquickenden Wasserquelle vergleichen. In diesem Sinne sprach Jesus vom "Wasser des Lebens", das den Durst eines jeden Menschen für immer stillt, der es trinkt (Joh. 4,14). Wer diese Erfahrung im Innern macht, dem fällt es nicht schwer, den grundlegenden Unterschied zwischen der Niederschrift einer Offenbarung in der heiligen Schrift und einer persönlichen Offenbarung im Innern zu erkennen, denn die eigene Erfahrung hat eine tiefgreifende und dauerhafte Wirkung auf seine Seele. – Sure 16:9 spricht von einem bedeutenden Aspekt der inneren Offenbarungen:

Allahs Sache ist es, auf den rechten Weg zu führen oder davon abzuleiten, und hätte Er nur gewollt, Er hätte euch allesamt recht geleitet.

Bei diesem Vers könnte man sich fragen, warum Gott, der hier als der alleinige Führer auf dem rechten Weg beschrieben wird, zuläßt, daß viele Menschen sich vom geraden Pfad abwenden. Warum läßt Gott Sünde und Irrtum zu, statt in seiner Allmacht dafür zu sorgen, daß alle Menschen auf dem Weg der Rechtschaffenheit bleiben? Gott hat den Menschen mit Freiheit ausgestattet. Zu einem Teil kann er nach freiem Willen selbst entscheiden, was er tut, und zu einem anderen Teil folgt er den Impulsen, die auf sein bisheriges Handeln, Sprechen und Denken, auch aus früheren Lebensläufen, zurückgehen. In zahlreichen Lebensläufen hat er eine Unmenge von Eindrücken in sich aufgenommen, die seinen künftigen Weg zu etwa einem Drittel bestimmen. So ist aufgrund dieser Eindrücke der eine Mensch in diesem Leben reif, den inneren Weg zurück zu Gott einzuschlagen, während für andere die Zeit noch nicht gekommen ist.

So wäre es falsch anzunehmen, Gott sei ungerecht, indem er sich dem einen offenbart und dem anderen nicht. Vielmehr entspricht dies dem Gesetz von Ursache und Wirkung, das Gott selbst seiner Schöpfung zugrunde legte und über das er sich in seinem Wirken nicht hinwegsetzt. Sure 18:17 behandelt dasselbe Thema:

> *... Seht, wen Allah leitet, der ist recht geleitet; wen Er aber in die Irre führt, der findet keinen Beschützer und keinen Führer.*

Hier wird deutlich gemacht, daß ein Mensch, der mit Offenbarungen gesegnet ist, ohne jeden Zweifel zu Gott geleitet wird, da die Offenbarungen von Gott ausgehen und die Seele zu Gott zurückziehen. Zugleich weist dieser Vers darauf hin, daß ein Mensch, der keine Offenbarungen empfängt, keinen Führer finden kann, der ihn zu Gott bringt, denn außer den Offenbarungen gibt es kein anderes Mittel, die Erlösung zu finden. Ob ihm dieser Weg in seinem jetzigen Leben offensteht oder nicht, hängt wiederum von seinem Schicksal ab. In Sure 19:36 heißt es:

> *Jesus sagte nur: "Wahrlich, Allah ist mein Herr und euer Herr. So dienet Ihm: das ist der gerade Weg."*

Hier wird noch einmal zum Ausdruck gebracht, daß der gerade Pfad darin besteht, daß die Seele sich unmittelbar mit Gott verbindet, um ihn dienend anzubeten und sich ihm zu unterwerfen. Bei dieser "kürzesten Verbindung" darf es nichts geben, was der unmittelbaren Begegnung zwischen Seele und Gott im Wege stünde. Wer also behauptet, daß äußere Handlungen, die im Namen der Religion vollzogen werden, wie die Abgabe des Zehnten, das Fasten, die Einhaltung der vorgeschriebenen Gebetsstunden und andere Rituale, Gebote Gottes seien, deren Erfüllung die wahre Anbetung und damit der Weg zur Erlösung sei, der versteht die Botschaft des Koran nicht. Anbetung ist ausschließlich eine Sache zwischen der Seele und Gott, so wie Jesus sagte: *"Gott ist Geist, und die anbeten, müssen im Geist und in der Wahrheit anbeten"* (Joh. 4,24).

> *Als er ein Feuer sah, sprach er zu den Seinen: "Bleibt hier. Ich gewahre ein Feuer; vielleicht kann ich euch einen Brand davon bringen oder beim Feuer Weisung finden."* (20:10)

Hier wird auf die innere Offenbarung von Licht Bezug genommen, und zwar derjenigen Art von göttlichem Licht, die dem Licht des Feuers gleicht. Weiterhin wird von diesem Licht gesagt, daß es Führung und Orientierung gibt. Die Art der Führung ist entsprechend den unterschiedlichen Arten von Offenbarungen verschieden: Nehmen wir an, man sieht verschiedene Arten von Licht im Innern, dann kann dieses Licht zum einen die Aufgabe erfüllen, uns von einer falschen Handlung abzuhalten, uns also auf dem geraden Pfad zu leiten; es kann aber auch dazu dienen, unser Gemüt von Eindrücken und damit von Bindungen weltlicher Art zu reinigen. Verschiedene Arten des göttlichen Klangs können zum einen die Seele in die "zehnte Tür" emporziehen und sie zum anderen von tiefverwurzelten Eindrücken befreien und andere Arten der Führung gewähren, und dasselbe gilt für die noch höhere Offenbarungsstufe des "Wortes" oder *Soma*. Sure 20:13 lautet:

> *Ich habe dich erwählt, so höre auf das, was dir offenbart wird.*

Wer von Gott auserwählt wurde, wem es also aufgrund seines Schicksals vorherbestimmt ist, den Weg der inneren Offenbarungen

Gottes zu finden, der ist gesegnet, denn durch die unmittelbare Verbindung mit Gott werden sich sein ganzes Leben, seine Sichtweise, sein Denken und Fühlen von Grund auf verändern: er wird in diesem Leben Frieden und schließlich die Erlösung finden. In Sure 20:42 mahnt Gott:

> *Gehe denn hin, du und dein Bruder, mit Meinen Zeichen, und seid nicht schlaff darin, Meiner zu gedenken.*

Die liebevolle Erinnerung an Gott ist die Folge der Verbindung mit seinen Offenbarungen, denn es ist unmöglich, liebevoll an jemanden zu denken, den man nie gesehen, gehört, oder auf andere Weise erfahren hat. Mit zunehmender innerer Erfahrung wird dieses liebevolle Gedenken andererseits immer inniger. So mahnt Gott hier den Menschen, im Gedenken an Gott zu beharren, weil dies seinerseits dem inneren Fortschritt dient. Auch Sure 20:77 spricht von der inneren Reise:

> *Wir sandten Moses die Offenbarung: "Führe Meine Diener hinweg bei Nacht und schlage ihnen einen trockenen Pfad durch das Meer. Fürchte nicht, eingeholt zu werden, noch fürchte dich vor sonst etwas anderem."*

Ähnlich wie in Vers 10 dieser Sure, der davon sprach, daß der Prophet anderen Menschen den Funken des inneren Feuers "mitbringt", das heißt, sie im Innern mit der Offenbarung des Feuers verbinden kann, so weist der vorliegende Vers den Propheten als einen beständigen Reisegefährten aus, der seine Anhänger auf der inneren Reise beschützt. Auch die Veden sprechen vom Meer der Täuschung, so wie hier vom Meer die Rede ist. Wenn nicht der Prophet für seine Anhänger einen "trockenen Pfad" durch dieses Meer bahnt und sie "bei Nacht", das heißt in der Meditation, begleitet, ist es dem Menschen nicht möglich, zu Gott zurückzufinden. Unter der Führung des Propheten wird der Schüler jedoch sein Ziel erreichen, und er braucht sich nicht davor zu fürchten, vom Meer der Täuschung und anderen negativen Einflüssen eingeholt zu werden. Der Reisegefährte ebnet den Weg und beschleunigt den Fortschritt des Gläubigen darauf.

> *Sie (die Diener Gottes) kommen Ihm nicht mit ihrer Rede zuvor, sondern sie handeln nur nach Seinem Befehl.* (21:27)

Dieser Vers rät dem Schüler, sich in dem, was er sagt, insbesondere wenn er von Gott spricht, von den inneren Offenbarungen leiten zu lassen. Man sollte von Gott nicht voreilig nach den Eingebungen des eigenen Verstandes oder Gemüts sprechen, sondern nur das sagen, was man zuvor als Offenbarung erfahren hat. Auch Gottes Gebote kann man nicht befolgen, geschweige denn sie anderen verkünden, ohne daß Gott selbst sie einem zuvor im Innern durch seine Offenbarungen mitgeteilt hat. Sure 22:16 macht weiter klar, daß die Offenbarungen nicht nur allgemeingültige Richtlinien enthalten, sondern dem einzelnen Menschen konkrete Führung in seinem Leben vermitteln:

> *Also haben Wir ihn (den Koran) herabgesandt als deutliches Zeichen, und gewiß, Allah weist den Weg, wem Er will.*

Sure 22:67 enthält eine bedeutsame Lehre:

> *Einem jeden Volke haben Wir Andachtsübungen gegeben, die sie zu befolgen haben; sie sollen daher nicht mit dir streiten in dieser Sache; sondern rufe sie zu deinem Herrn. Wahrlich, du bist rechtgeleitet und auf dem geraden Weg.*

Gott versichert hier dem Propheten, daß er auf dem rechten Pfad ist, und daß er weiterhin seiner Aufgabe nachgehen solle, anderen Menschen vom offenbarten Gott zu künden. Er sollte also auf der Grundlage seiner eigenen inneren Führung vom Weg der Offenbarungen sprechen, aber keinesfalls andere Menschen bedrängen oder gar zwingen, den von ihm als richtig erkannten Weg der Anbetung Gottes zu gehen. Es ist genug, daß er von diesem Weg spricht, aber es ist letztlich Aufgabe der Offenbarungen selbst, die anderen Menschen auch so im Innern zu führen, wie der Prophet im Innern geführt wird. Der Prophet ist also ein Rufer oder Warner, jemand, der von Gott kündet, aber nicht einer, der über andere Macht ausüben oder sie in irgendeiner Weise zu einer bestimmten Art der Religionsausübung zwingen darf. Dieser Vers richtet sich an jeden, der anderen Menschen Religion nahebringt: er kann Vorträge darüber halten und mit anderen Menschen über seinen Weg sprechen, aber es kann niemals die Aufgabe eines Priesters oder Seelsorgers sein, durch seine Person andere zu Gott zu führen oder auf irgendeine Weise zu missionieren, denn die Führung bleibt allein Gott in Gestalt seiner Offenbarungen vorbehalten. Sure 24:16 ist eine Zurechtweisung an denjenigen, der auf dem inneren Weg der Offenbarungen ist:

Warum habt ihr nicht, als ihr dies (die Verleumdung) hörtet, gesprochen: "Es ziemt uns nicht, davon zu sprechen. Bewahre uns Allah! Das ist ja eine große Verleumdung."?

Diese Sure warnt den Schüler davor, über seine Offenbarungen zu sprechen. Selbst derjenige, der wirklich mit Offenbarungen von Gott gesegnet ist, sollte sie nicht anderen Menschen mitteilen, sondern darüber schweigen. Sie sind eine persönliche Sache zwischen ihm und Gott, und ihre Botschaften richten sich an ihn persönlich und nicht an andere. Überdies wird es andere nicht überzeugen, wenn jemand ihnen mitteilt, daß es diese Erfahrungen im Innern gibt. Das einzige, was die Menschen wirklich von Gott überzeugt, sind die Offenbarungen, die sie selbst erfahren, und nicht diejenigen Offenbarungen, von denen andere zu ihnen sprechen. Allein der Prophet oder Gottmensch ist von Gott autorisiert, von den inneren Offenbarungen zu künden, da er auch von Gott die Vollmacht erhalten hat, den Menschen ihre eigenen Erfahrungen von jenen Offenbarungen zu vermitteln und sie im Innern zu führen. In Sure 28:51 lesen wir:

> *Nun haben Wir das Wort (der Offenbarung) andauernd zu ihnen kommen lassen, damit sie sich vielleicht mahnen lassen würden.*

In dieser Sure wird deutlich, daß die Menschen zu allen Zeiten, und zwar nicht nur jeweils einmalig, sondern unablässig Offenbarungen von Gott als einen unaufhörlichen Strom empfingen. Diese Offenbarungen wurden nicht nur Menschen in der Vergangenheit zuteil, sie werden ihnen auch nicht nur einmalig oder vereinzelt als eine besondere Gabe für besondere Augenblicke im Leben vermittelt, sondern als eine unablässige, beständige Führung. – Sure 33:2 bestärkt den Menschen im unerschütterlichen Vertrauen auf Gott und seine innere Führung:

> *Folge nur dem, was dir von deinem Herrn offenbart worden ist; denn Allah ist allwissend und allweise.*

Zum einen sollte man nur dem Folge leisten, was Gott der Herr im Innern selbst offenbart hat. Zum anderen kann man sich auf seine Führung so sehr verlassen, daß man sich um nichts zu sorgen braucht, da man in dem festen Vertrauen lebt, daß Gott stets gegenwärtig ist und am besten weiß, wessen wir bedürfen. – Sure 35:29 lautet:

> *Diejenigen, welche die Schrift Gottes lesen und das Gebet verrichten und heimlich oder öffentlich Almosen geben von dem, womit wir sie versorgt haben, die dürfen auf einen Handel hoffen, dem kein Niedergang drohen wird.*

"Die Schrift Gottes lesen" bezieht sich sich nicht auf die äußere Lektüre des geschriebenen Wortes, also des Korans als heiliger Schrift, da dieses Buch selbst in allen Suren darauf verweist, daß Gottes Buch "im Innern offenbart wird". Nur im Innern kann man genaues Wissen von Gottes Gesetz erlangen. Dieses innere Wissen führt zu unerschütterlicher Hingabe gegenüber Gott. Der "Handel, dem kein Niedergang drohen wird" bedeutet, den besten Nutzen aus den inneren Offenbarungen zu ziehen, ihnen Folge zu leisten und ihre Segnungen in unserem persönlichen Leben zu erfahren, so daß wir weiter auf dem inneren Pfad fortschreiten.

> *Darum halte fest an dem, was dir offenbart wurde; du befindest dich wahrlich auf dem geraden Weg.* (43:43)

Dieser Vers versichert dem, der innere Offenbarungen hat, daß er auf dem rechten Pfad zu Gott ist. Damit wird auch deutlich gesagt, daß es über diese Art der Anbetung Gottes hinaus keinerlei äußerer Rituale oder anderer Handlungen bedarf, da sie als Mittel nicht geeignet sind, um Gott anzubeten. Der Prophet wird nicht müde, diese Botschaft Gottes in immer neuen Versen zu verkünden:

> *Er (Jesus) ist wahrlich das Zeichen der Stunde (wörtlich: Wissen über die Stunde). Seid deshalb ja nicht im Zweifel*

> *über sie und folgt nur mir; denn dies ist der gerade Weg.*
> (43:61)

Gott bzw. der Prophet vermittelt hier die Botschaft, daß der lebende Meister oder Prophet der richtige Führer auf dem spirituellen Weg ist. "Zeichen" steht immer für Gottes Offenbarungen, und so wird hier ebenfalls deutlich gemacht, daß der Prophet selbst eine Offenbarung Gottes ist. Das Kriterium, um festzustellen, ob man einen wahrhaften Gesandten Gottes gefunden hat, liegt darin, ob man unter der Leitung eines solchen Meisters selbst im Innern Offenbarungen empfängt und auf diesem Weg fortschreitet. Sure 44:51 spricht von dem Ergebnis der inneren Praxis:

> *Wahrlich, die Gottesfürchtigen werden an einem Ort des Friedens und der Sicherheit sein.*

In der äußeren Welt der Sinne kann es keinen dauerhaften Frieden geben, da hier alles aus Materie besteht und die Materie dem Wandel unterliegt. Wenn sich der Mensch an die Gegenstände dieser materiellen Welt bindet, wird er zwar vorübergehend Freude daraus schöpfen, aber dieser Freude folgt unweigerlich das Leid, wenn sich der Gegenstand der Freude wandelt. Der Ort wahren, dauerhaften Friedens und wirklicher Sicherheit liegt im Innern in der "zehnten Tür" oberhalb der Sinne. Der Frieden, den die Seele hier erfährt, ist unwandelbar und unterliegt keinerlei äußeren Einflüssen. Je mehr der Gottsucher diesen inneren Ort aufsucht, desto mehr wird er auch vor feindlichen und negativen Gedanken und Gefühlen bewahrt, so daß dieser Friede sich immer mehr auf sein ganzes Wesen legt. In Sure 45:18 versichert Gott:

> *Dann brachten Wir dich auf den rechten Pfad in der Sache*

des Gesetzes der Religion. So befolge es und folge nicht den Wünschen der Unwissenden.

Hier wird vom göttlichen Gesetz gesprochen, und nicht von weltlichen Gesetzen. Wem Gottes Gesetz im Innern enthüllt wird, der sollte unbeirrbar danach leben, unabhängig davon, was andere Menschen, denen dieses innere Wissen nicht gegeben ist, ihm vorzuschreiben wünschen. Hier wird deutlich, daß Gott durch seine Offenbarungen nicht die Paragraphen des weltlichen Gesetzes verkündet, also nicht weltliche Gesetze vorschreibt, sondern nur sein die Religion betreffendes Gesetz enthüllt. Wer die Menschen im Namen der Religion mit Vorschriften bezüglich jeder Lebenssituation belädt und ihnen Strafe androht, wenn sie diese Vorschriften mißachten, der handelt keinesfalls in Übereinstimmung mit Gottes Willen, sondern folgt nur seinem Wunsch, Macht über andere auszuüben. Wer den geraden Pfad geht, der sollte sich von solchen religiösen Eiferern nicht vorschreiben lassen, wie er Religion auszuüben hat, sondern dem folgen, was Gott selbst ihm aufträgt. Sure 45:20 lautet:

Dieser Koran enthält Lehren der Weisheit für die Menschheit und eine Führung und Barmherzigkeit für Leute, die festen Glauben haben.

Gottes Gebote sind für denjenigen, der sie empfängt, keine Last, denn sie erfüllen sein Leben mit Gottes eigener Weisheit. Sie geben ihm Führung und vermitteln ihm bei jedem Schritt Gottes Gnade. Sure 46:30 weist darauf hin, daß diese Gebote Gottes, wie er sie dem Propheten Mohammed verkündet, über jeder Beschränkung stehen, daß sie ewige Gültigkeit besitzen und den Menschen vor Mohammed bereits verkündet wurden.

> *Sie sprachen: "O unser Volk, wir haben ein Buch gehört, das nach Moses herabgesandt ward, das bestätigend, was schon vor ihm herabgesandt wurde; es leitet zur Wahrheit und zu dem geraden Weg."* (46:30)

So ist der Koran nicht die einzige Schrift, die Gottes Offenbarung enthält, sondern sie bestätigt die älteren heiligen Schriften als Offenbarungsschriften. Der Gehorsam gegenüber Gottes Gesetz – 'Islām, die wahre Hingabe an Gott – ist daher nicht von der Kenntnis oder Lektüre des Koran abhängig, sondern von der Kenntnis des göttlichen Gesetzes. Dieses Gesetz kann man weder durch das Lesen des Koran, noch durch die Lektüre anderer heiliger Schriften erkennen und befolgen, sondern nur durch eigene innere Offenbarungen. In Sure 51:8-9 lesen wir:

> *Wahrlich, ihr seid in Widersprüche verwickelt, von denen nur der abwendig wird, der davon abwendig gemacht wird.*

Wer glaubt, sein Wissen über Gott aus den heiligen Schriften bzw. der heiligen Schrift seiner Religion ableiten zu können, der verfängt sich unweigerlich in Widersprüchen und Zweifeln, und wo zwei oder mehr Menschen den Koran oder andere heilige Schriften mit Hilfe ihres Verstandes auslegen, werden sie unweigerlich alle unterschiedlicher Meinung sein. Nur derjenige kann sich von solchen Widersprüchen und Zweifeln befreien, der von den göttlichen Manifestationen geführt wird und das Wissen über Gott aus erster Hand empfängt. Sure 56:75-79 lautet:

> *So schwöre ich bei dem Untergang der Sterne – das ist, wenn ihr doch Bescheid wüßtet, ein gewaltiger Schwur: dies*

> *ist der vortreffliche Koran, in einer wohlbewahrten Schrift, die nur von Gereinigten berührt wird.*

Hier wird unzweideutig darauf verwiesen, daß unter "Koran" nicht das Buch, sondern das göttliche Wissen zu verstehen ist und daß in der Meditation die Sterne, eine Form der Offenbarung Gottes im Licht, den Menschen zur rechten Einsicht führen. Gottes Weisheit ist der eigentliche Koran, und dieser Koran wird nicht durch das äußere Buch, sondern im Innern offenbart. – Sure 65:11 lautet:

> *Einen Gesandten, der euch die deutlichen Zeichen Allahs vorträgt, auf daß er jene, die glauben und gute Werke tun, aus der Finsternis ans Licht führe. Und wer an Allah glaubt und recht handelt, den wird Er in Gärten führen, durch die Ströme fließen, darin zu weilen auf immer. Allah hat ihm fürwahr eine treffliche Versorgung gewährt.*

Wer den rechten Pfad geht, wie ihn der Prophet lehrt, der findet im Innern Freude und Glückseligkeit. Diese Glückseligkeit ist kein vorübergehender Zustand, sondern er wird für immer damit gesegnet sein. Das bedeutet, daß er nach dem Tode die Erlösung findet und nicht wieder in den Zyklus von Geburt und Tod auf der materiellen Welt zurückkehrt. In Sure 72:16 lesen wir:

> *Wenn sie den rechten Pfad einhalten, dann werden Wir ihnen Wasser zu trinken geben in Fülle.*

Ganz ähnlich dem berühmten Wort Jesu vom "Wasser des Lebens" (Joh.4,14) wird auch in diesem Koranvers zum Ausdruck gebracht, daß die Seele auf dem inneren Pfad mit dem nicht endenden Strom von Gottes Offenbarungen gesegnet wird. Wer den Strom des *Soma* oder des göttlichen Wortes trinkt, den wird nie wieder dürsten, denn er hat die Stufe erreicht, auf der Gott sich ihm von selbst offenbart, auch außerhalb der Meditation. Diese Verbindung ist ein beständiger Quell inneren Friedens und Glücks. Einmal mehr ist anzumerken, daß auch in diesem Zusammenhang für Gott das Pronomen "wir" steht, womit auf Gott in seinen manifesten Formen verwiesen wird. – Sure 81:27-28 spricht ebenfalls davon, daß Gottes Offenbarungen keine einmaligen Mitteilungen an bestimmte Menschen sind:

> *Dies (der Koran) ist eine Ermahnung für alle Völker der Welt, für jeden von euch, welcher den geraden Weg wandeln will.*

Wer einmal mit diesem inneren Offenbarungsstrom verbunden ist, der wird von Gott selbst immer wieder an seine Gegenwart erinnert, denn es ist Gott in seiner manifestierten Form, der sich dem Menschen im Innern auf unterschiedliche Weise offenbart und ihm beständig zeigt, daß er ihm näher ist als irgendjemand anderes. Diese Botschaft gilt nicht nur für eine begrenzte Zahl von Menschen, sondern für alle Völker der Welt.

So weisen alle Verse des Koran, die wir in diesem Kapitel anführten, darauf hin, daß es einen geraden Pfad gibt, auf dem Gott sich dem Menschen im Innern offenbart und ihn während seines Lebens mit Freude, Harmonie und Seligkeit erfüllt. Es gibt keinen anderen Weg, der die Seele unmittelbar zu Gott zurückführt, da die Seele nur durch die göttlichen Manifestationen mit ihrem Ursprung vereint werden kann.

VII

Ṣirāt-alladhīn An'amta 'Alaihim

Die göttlichen Offenbarungen führen auf dem gesegneten Pfad

Ṣirāt bedeutet "Pfad, Weg, Straße". Der Begriff *an'amta* ist eine Partizipialform des Verbs *an'ama*, "segnen, seine Gunst erweisen, Gnade erzeigen", und leitet sich von demselben Wortstamm *n'm* ab wie *na'mah* ("Wohlstand, Wohlergehen, Annehmlichkeiten") und *na'īm* ("Glückseligkeit, Freude"). So heißt dieser Teil des siebten Verses von *Al-Fātiḥa*, der eine Fortsetzung des sechsten Verses ist, "auf dem Pfad derer, die du (seinerzeit, in der Vergangenheit) gesegnet hast" oder auch: "auf dem Pfad, auf dem dein Segen (bisjetzt) ruht". Der Segen Gottes ist zum einen auf die Annehmlichkeiten des diesseitigen Lebens, auf Gottes "gütige Versorgung" seiner Geschöpfe bezogen, zum anderen und vor allem besteht er in dem Wohlergehen der Seele, in der erlösten Glückseligkeit, die dem Menschen unter der barmherzigen Führung der Manifestationen Gottes zuteil wird. Der gesegnete Pfad ist ein Weg, auf dem man die Freude der Gegenwart Gottes erfährt und durch seine Offenbarungen ständig den Lohn für das Streben auf dem rechten Pfad empfängt. Hier in Vers 7 ist also vom rechten Pfad die Rede, der dem ewigen Gesetz Gottes entspricht, der – wie aus der Perfekt-Form des Verbs hervorgeht – in der Vergangenheit genauso Gültigkeit besaß wie in der Gegenwart und in alle Zeit. Sure 2:4-5 lautet:

> *(Die Frommen, die) an das glauben, was Wir dir offenbarten, auch an das, was vor dir offenbart wurde, und die fest an das künftige Leben glauben. Sie folgen der Führung ihres Herrn, und sie werden Erfolg haben.*

Hier wird klar darauf hingewiesen, daß der Weg der inneren Offenbarungen für die ganze Menschheit zu allen Zeiten identisch war, da Gottes Gesetz keinem Wandel unterliegt. Wer das ewige Gesetz Gottes annimmt und befolgt, dessen Mühe wird von Gott belohnt. Diejenigen religiösen Lehrer, die ihre Anhänger glauben machen wollen, ihre bestimmte Religion verkünde einen neuen Glauben, ein neues Gesetz, einen neuen Gott oder beinhalte zumindest die einzig authentische Fassung von Gottes Gesetz, befinden sich selbst auf dem falschen Weg, der niemals zum Erfolg führen wird. Sure 2:103 setzt dieses Thema fort:

> *Wären sie doch Gläubige und Rechtschaffene gewesen, von Allah wäre ihnen schönerer Lohn zuteil geworden! Hätten sie es sich doch zu Herzen genommen!*

Wer nur die rechte Einsicht gewinnt, daß Gottes Gesetz ewig dasselbe ist, der beugt sich ihm und verliert sich nicht in reformatorische Aktivitäten, die zu religiöser Spaltung und Zwietracht führen. Wer diesen Fehler vermeidet und sich von Gottes Offenbarungen im Innern führen läßt, schreitet rasch auf seinem Weg fort. Im nächsten Vers (2:104) lesen wir:

> *O ihr Gläubigen, saget nicht: "Rā'inā" ("Beobachte uns!"), sondern: "Unsurnā" ("Schau auf uns!") und hört auf das, was er euch sagt.*

Dieser Vers unterscheidet zwischen der Beschreibung von Gottes Offenbarungen, wie wir sie im heiligen Buch vor uns sehen, und der eigenen Erfahrung von Gottes Manifestationen. Wir sollten die Offenbarungen also nicht akzeptieren, indem wir sie lesen oder rezitiert hören, sondern indem wir sie in uns selbst sehen und hören und erfahren. In diesem Vers finden wir den Begriff *unsurnā*, was sich auf die tatsächliche Erfahrung von etwas bezieht, im Unterschied zu *rā'ina*. *Rā'ina* bezieht sich darauf, daß man Offenbarungen als Wiedergabe in der heiligen Schrift rezitiert hört. So kann die wahre Führung nur durch die tatsächliche Erfahrung im Innern erfahren werden. – Sure 2:112 betont die Notwendigkeit der Hingabe gegenüber Gott:

> *Wer auch immer sich Allah ergibt und rechtschaffen ist, dem steht bei seinem Herrn sein Lohn zu, und weder Furcht noch Trauer kommt über ihn.*

Wahre Selbstüberantwortung an Gott führt zu dauerhaftem Frieden und Glück im Gemüt. Diese Hingabe ist nur möglich, wenn wir durch innere Offenbarungen beständig mit der Gegenwart Gottes gesegnet sind. Sure 2:136 schärft ein:

> *Sagt: "Wir glauben an Allah und das, was als Offenbarung zu uns, und was zu Abraham, Ismael, Isaak, Jakob und ihren Nachkommen herabgesandt worden ist, und was Moses und Jesus und die Propheten von ihrem Herrn erhalten haben, ohne daß wir bei einem von ihnen einen Unterschied machen. Ihm sind wir ergeben."*

Dieser Vers läßt keine Zweifel daran, daß es immer wieder dasselbe ewige Gesetz Gottes ist, welches den Propheten aller Zeiten offenbart wurde. Um dies besonders klar zum Ausdruck zu bringen, werden hier eine ganze Reihe von Propheten vor dem Propheten Mohammed genannt, und es wird betont, daß Gott keinerlei Unterschied zwischen ihnen macht. Alle verkündeten dasselbe Gesetz, wie es ihnen im Innern offenbart wurde, und alle waren von Gott beauftragt, die Menschen ihrer Zeit mit denselben Offenbarungen zu segnen. – Sure 2:248 spricht vom Reich Gottes:

> *Da sprach ihr Prophet zu ihnen: "Das Zeichen Seiner Herrschaft ist, daß euch ein Herz gegeben wird, darin Frieden von eurem Herrn ist und ein Vermächtnis aus dem Nachlaß vom Geschlecht Moses' und Aarons – die Engel werden es tragen. Gewiß, darin ist ein Zeichen für euch, wenn ihr Gläubige seid."*

Wer in das Reich Gottes einkehrt, das heißt, sich über den Bereich der körperlichen Sinneswahrnehmung erhebt und Gottes Offenbarungen erfährt, der erlebt dabei Frieden, Ruhe und Glück. Er wird von den Engeln, das heißt von Gottes Manifestationen, geführt und beschützt. Der Prüfstein dafür, ob wir auf dem rechten, von Gott gesegneten Pfad sind, besteht darin, ob wir auf diesem Weg inneren Frieden und inneres Glück finden. – Sure 3:8 lautet:

> *O Allah, laß unser Herz nie mehr irren, nachdem Du uns auf den rechten Weg geleitet hast, und schenke uns Deine Barmherzigkeit, denn Du bist der Gnadenspender.*

Gott hat die Menschheit bereits in der Vergangenheit sicher auf dem inneren Weg geführt, und er wird nicht aufhören, ihr seine Barmherzigkeit zu erweisen. Wenn davon die Rede ist, daß Gott einem Menschen seine Segnungen gewährt, dann bezieht sich dies auf seine Führung im Innern auf dem Wege der Offenbarungen.

> *Als er betend in der Kammer stand, riefen ihm die Engel zu: "Allah gibt dir frohe Kunde von Yahya (Johannes), der das von Allah kommende Wort bestätigen soll – edel und rein und ein Prophet, der Rechtschaffenen einer. (3:39)*

Hier ist die Rede von Zacharias (vgl. auch Lukas-Evangelium 1,5-23), der "betend in der Kammer stand", sich also im Zustand der Meditation befand und Gottes Offenbarungen empfing. Diese Offenbarungen überbringen Gottes Botschaft und machen den Empfänger zu einem edlen, zufriedenen Menschen, der Gutes tut, ja, sie machen einen gewöhnlichen Menschen zum Propheten. Auf diese Weise wird deutlich, daß die Praxis des inneren Weges das entscheidende Mittel ist, uns zum Besseren zu wandeln und unser Leben mit Frieden und Glück zu erfüllen. Sure 3:80-81 lautet:

> *Es geziemt einem Menschen nicht, wenn Allah ihm das Buch und die Herrschaft und das Prophetentum gibt, daß er zu den Leuten spricht: "Seid meine Diener statt Allahs"; sondern: "Seid einzig dem Herrn ergeben, da ihr ja die Schrift lehrt und euch in sie vertieft." Noch daß er euch gebieten sollte, die Engel und die Propheten zu Herren anzunehmen. Würde er euch Unglauben gebieten, nachdem ihr euch Allah ergeben habt?*

Der Koran geht hier auf ein zentrales Thema der Religion ein. Wer im Innern von den Engeln, das heißt von Gottes Manifestationen in Licht, Klang und *Soma*, geführt wird und diesen Pfad unter der Leitung eines lebenden Propheten geht, dem ist damit keinesfalls von

Gott erlaubt, diese Offenbarungen bzw. den Propheten an Gottes Stelle zu setzen. Vielmehr sind sie alle nur Hilfen und Mittel, um zu Gott zurückzugelangen. – Dem Hinduismus wird häufig vorgeworfen, Vielgötterei zu lehren. Aber dies ist eine falsche, oberflächliche Betrachtungsweise, denn auch wenn es im Volksglauben soweit gekommen ist, so steht dahinter der ursprüngliche Glaube an die unterschiedlichen Manifestationen Gottes, die alle der Seele zur Verschmelzung mit dem einen Gott verhelfen. Genauso ist hier davon die Rede, daß der Prophet die Menschen zu dem einen Gott führt, daß er also nicht um seiner selbst willen verehrt werden soll, sondern als jemand, der die Menschen auf den rechten Pfad zurück zu Gott stellt. Die Anbetung gilt allein und ausschließlich dem einen Gott. – In Sure 3:164 lesen wir:

> *Allah hat sich auch dadurch gütig gegen die Gläubigen gezeigt, daß Er ihnen einen Gesandten aus ihren eigenen Reihen schickte, der ihnen Seine Zeichen lehrt und sie reinigt und sie das Buch und die Weisheit lehrt, da sie früher in offenbarem Irrtum lebten.*

Aus diesem Vers geht unzweifelhaft hervor, daß die Menschen in bezug auf die Religion sich stets im Irrtum befinden, solange sie nicht zu einem sachkundigen Meister finden, einem Propheten, der unter ihnen lebt – "aus ihren eigenen Reihen" – und der selbst jeden Schritt auf dem Pfad zurück zu Gott kennt. Gott entsendet stets lebende "Gesandte" oder Propheten an die Menschen, die sich nach Gott sehnen, und dies geschieht zu allen Zeiten. Sant Kirpal Singh pflegte zu sagen: "Leben kommt von Leben." Das heißt, wir können die Verbindung mit der lebendigen Gotteskraft in uns nicht von einem toten Propheten empfangen, der also in früheren Zeiten lebte, sondern nur von einem, dem wir hier und jetzt begegnen können.

Diese Koranstelle verweist also eindeutig auf die Bedeutung des lebenden Gesandten, Meisters oder Propheten. – Und in Sure 3:199 lesen wir:

> *Gewiß gibt es unter dem Volke der Schrift solche, die an Allah glauben und an das, was euch und was ihnen offenbart wurde, und sich demütig vor Allah beugen. Sie vertauschen nicht die Zeichen Allahs um geringen Preis. Diese sind es, deren Lohn bei Allah ist. Allah ist schnell im Abrechnen.*

Hier ist von den Menschen die Rede, welche die heiligen Schriften auf die rechte Weise lesen und ihre Botschaft verstehen. Sie verstehen sie als Ansporn und Aufforderung, selbst im Innern Offenbarungen zu empfangen. Wenn sie diesen Weg der inneren Offenbarungen gehen, stellen sie fest, daß ihre eigenen Erfahrungen im Innern identisch sind mit jenen Erfahrungen, wovon die Schriften berichten. Vor diesem Hintergrund erkennen sie, daß Gottes Gesetz und der Pfad, der zu Gott führt, zu allen Zeiten unabänderlich eins ist. Den Lohn, den sie im Innern empfangen, verspielen sie nicht für weltlichen Gewinn. Sie wissen, daß Gott ins Verborgene sieht und ihnen ihren Lohn unmittelbar zuteil werden läßt. Sie schreiten rasch spirituell fort. Sure 4:69 spricht von den Menschen, die von Gott gesegnet werden:

> *Wer Allah und Seinem Gesandten gehorcht, der wird zu denen kommen, gegen welche Allah gnädig gewesen ist, zu den Propheten und Wahrhaftigen, zu den Märtyrern und den Gerechten. Das ist wahrlich die beste Gesellschaft.*

Gehorsam gegenüber Gottes Gebot, das man durch Offenbarungen erfährt, und gegenüber dem Propheten, der die Unterweisung auf dem inneren Pfad gibt, kennzeichnet jene, die sich auf dem gesegneten Pfad befinden. Solche Menschen sind aufrichtig und rechtschaffen, und sie werden dieselbe Stufe der Vollkommenheit erreichen wie die Propheten. Sie finden Gottes Wohlgefallen.

> *O Volk der Schrift, Unser Gesandter ist nun zu euch gekommen, um euch viele Stellen der Schrift anzuzeigen, die ihr weggelassen habt. Manche wird auch er übergehen. Nun ist euch ein Licht und eine deutliche Schrift von Allah zugekommen.* (5:15)

Hier wird darauf verwiesen, daß der jeweils lebende Prophet keine neue Botschaft verkündet, sondern dieselbe alte Botschaft von Gott, die wir entweder vernachlässigt, vergessen oder mißverstanden haben. So gewährt er uns göttliches Licht, wodurch er alle Zweifel und Mißverständnisse in bezug auf Gottes Botschaft ausräumt. Jeder Prophet verkündet das allumfassende göttliche Gesetz, aber er betont dabei jeweils die Aspekte, die von den Menschen seiner Zeit und Gesellschaft vernachlässigt, vergessen, mißverstanden, verdreht oder unterdrückt wurden. Er mag also andere Aspekte desselben Gesetzes in seinen Vorträgen weniger betonen oder vernachlässigen, da er ihre Hervorhebung nicht für nötig hält. Diese Unterschiede in der Verkündigung der Propheten haben immer wieder zu dem Mißverständnis geführt, als verkündeten die Propheten jeweils eine andere, neue Botschaft, während sie in Wahrheit lediglich bestimmte Aspekte unterschiedlich betonen. Dabei machen sie alle deutlich, daß sie denselben einen, ewigen Gott und sein unwandelbares Gestz verkünden. Dieser Vers macht zugleich deutlich, daß Gottes Buch nicht durch die äußere Schrift, sondern durch das göttliche Licht im Innern offenbar wird.

> *Hierdurch will Allah die, welche nach Seinem Wohlgefallen streben, auf den Weg des Friedens leiten und sie nach Seinem Willen aus der Finsternis in das Licht und auf den geraden Weg führen.* (5:16)

Es steht geschrieben, daß man nur durch den lebenden Propheten oder Meister auf den geraden Pfad geführt werden kann. Den Beweis dafür, daß ein lebender Meister diese Kompetenz besitzt, erhält der Schüler dann, wenn er selbst das Licht Gottes im Innern erblickt, dadurch seine Zweifel verliert und Friede und Glück sein Leben immer mehr erfüllen, so daß er sich des Segens Gottes bewußt ist. Der Friede und das Glück, die der gerade Pfad unter der Führung eines lebenden Meisters mit sich bringt, sind für den Schüler der untrügliche Beweis, daß er auf dem Weg zu Gott ist. Sure 6:82 lautet:

> *Die da glauben und ihren Glauben nicht mit Ungerechtigkeit vermengen – sie allein sind es, die Frieden haben sollen und die rechtgeleitet sind.*

Aus diesem Vers geht deutlich hervor, daß Glaube nur auf der Grundlage göttlicher Offenbarungen wächst. Wer diese Offenbarungen leugnet, kann keinen festen Glauben haben. Glaube ist also nicht eine Sache des Gefühls, und ebensowenig hat er seine Wurzeln im Intellekt. Wer göttliche Offenbarungen hat, der wird auf dem rechten Pfad geleitet. Sure 6:155 lautet:

> *Und diese Schrift, die Wir nun offenbarten, ist gesegnet; befolgt sie und fürchtet Allah, damit ihr Gnade finden mögt.*

Hier wird erklärt, daß der Segen Gottes nur diejenigen Güter und Arbeiten begleitet, zu denen man aufgrund seiner Offenbarungen gekommen ist bzw. inspiriert wird. Durch sie ist es den Menschen außerdem möglich, sich vor schlechten Gedanken, Worten und Taten zu bewahren und Gottes Gnade zu erfahren. – Sure 7:35 spricht noch einmal von der Bedeutung des lebenden Gottmenschen für die Ausübung von Religion:

> *O Kinder Adams, wenn zu euch Gesandte kommen aus eurer Mitte, die euch Meine Zeichen verkünden – wer dann Allah fürchtet und sich bessert, über den soll weder Furcht noch Trauer kommen.*

Hier wird noch einmal der unabdingbare Zusammenhang von Gottes Botschaften – Gottes Offenbarungen – an den Menschen und der Notwendigkeit eines lebenden Vermittlers hervorgehoben. Nur ein solcher lebender Meister kann die Menschen seiner eigenen Zeit wieder auf den geraden Pfad zu Gott zurückführen. Unter seiner kompetenten Anleitung verwandeln sie sich in gottliebende und rechtschaffene Menschen, die mit Glück und Zuversicht gesegnet sind. – Sure 7:174 verweist einmal mehr darauf, daß allein Gottes Offenbarungen in ihrer Deutlichkeit den Menschen Gott erfahren lassen und ihm den Weg bahnen, auf dem er zu Gott zurückfindet:

> *Auf diese Weise machen Wir Unsere Zeichen deutlich, damit sie zurückkehren mögen.*

Sure 10:62-64 erinnert daran, daß Furchtlosigkeit und dauerhaftes Glück in der Welt nur den "Freunden Gottes" zuteil werden, also jenen, die auf dem geraden inneren Pfad Gottes Botschaften empfangen, ihnen glauben und gehorchen:

> *Siehe, über die Freunde Allahs wird weder Furcht noch Trauer kommen. Die, welche glauben und Allah gehorchen, für sie ist in diesem und im künftigen Leben frohe Botschaft.*

Sure 18:88 bezeugt, daß für einen Menschen, der sich den göttlichen Offenbarungen überantwortet, der Weg zur Erlösung geebnet und leicht gemacht wird:

> *Wer aber glaubt und rechtschaffen handelt, der empfängt den herrlichsten Lohn, und Wir wollen ihm Unsere Befehle leicht machen.*

Während Sure 20:82 noch einmal deutlich macht, daß Gott nur jenen seine Gnade erweist, die aufgrund eigener innerer Erfahrungen ihre früheren Handlungen bereuen und festen Glauben auf dem geraden Pfad entwickeln:

> *Doch siehe, Ich bin gnädig gegen den, der bereut und glaubt und das Gute tut und der Rechtleitung folgt.*

– weist Sure 21:51 nochmals darauf hin, daß dieselbe Führung, die heute durch die lebenden Meister gegeben wird, bereits durch frühere Gottmenschen oder Propheten vermittelt wurde:

> *Bereits vordem haben Wir auch dem Abraham seine richtige Leitung gegeben, denn Wir kannten ihn gut.*

Sure 21:73 spricht noch einmal von der großen Bedeutung der Meister als unerläßliche Führer und Vorbilder auf dem Weg der Offenbarungen Gottes:

> *Und Wir machten sie zu Führern, damit sie die Menschen nach Unserem Willen leiteten, und Wir gaben ihnen ein, Gutes zu tun, das Gebet zu verrichten und Almosen zu geben; und sie dienten Uns allein.*

Ein wahrer Prophet führt andere nicht aufgrund seiner Kenntnis der heiligen Schriften, sondern auf der Grundlage seiner inneren Offenbarungen – entsprechend der unmittelbaren Inspiration und dem direkten Gebot Gottes. Sein äußeres Leben bezeugt diese vollkommene Verbindung mit Gott, indem er ein Vorbild in allen Lebensbereichen ist. – Sure 22:3 spricht davon, daß ein Mensch, dem die innere Führung fehlt, jedem "aufrührerischen Teufel", das heißt jedem negativen Einfluß, zum Opfer fällt:

> *Und unter den Menschen gibt es manch einer, der über Allah streitet ohne Wissen und jedem aufrührerischen Teufel folgt, über den beschlossen ist, daß der, welcher ihn zum Beschützer annimmt, von ihm irregeführt wird und zur Strafe des Feuers geleitet wird.*

In Sure 22:24 wird auf die besondere Bedeutung des im Innern offenbarten Tonstroms verwiesen, der einen besonders lieblichen, besänftigenden Klang besitzt und den Menschen, der ihn hört, stets begleitet und mit Botschaften von Gott führt. Es gibt unterschiedliche Klänge, und der liebliche Klang, von dem hier die Rede ist, dient dazu, den Menschen Gottes Weisheit zu übermitteln:

> *Denn sie wandelten nach dem lautersten Wort und auf dem Weg Dessen, Der allen Lobes würdig ist.*

Das Streben auf dem "geraden Weg", der in den Offenbarungen Gottes liegt, ist also Voraussetzung für das Erlangen des "Paradieses", der Erlösung aus dem Kreislauf der Wiedergeburt und irdischen Existenz. Alle, die diesen geraden, gesegneten Weg verfehlen, fallen der "Vernichtung" anheim, wie Sure 37:136-138 belegt:

> *(Auch Lot war einer Unserer Gesandten. Wir erretteten ihn und seine ganze Familie ...) Alle die anderen vertilgten Wir ganz und gar. Wahrlich, ihr geht an ihnen vorüber am Morgen und am Abend. Wollt ihr da nicht begreifen?*

Die "Vernichtung", von der der Prophet hier redet, ist weniger eine Zerstörung materieller Natur, sie bezieht sich vielmehr auf den Schaden an der Seele derer, die sich weltlichen Zielen verpflichten und aufgrund dieser Bindung – die für alle mit den Prinzipien der Religion vertrauten Menschen offenkundig ist – nicht aus dem Kreislauf von Tod und Wiedergeburt herausfinden. Der Mensch kann sich vor diesem Schaden allein dadurch retten, daß er den Pfad der Meditation über die göttlichen Offenbarungen aufnimmt und verfolgt, denn so wird er vor den Verlockungen der Welt und des eigenen Gemüts beschützt und mit Glückseligkeit gesegnet. – Sure 38:29 spricht von dem eigentlichen Zweck der heiligen Schriften:

> *Wir haben ein Buch zu dir herabgesandt, das voll des Segens ist, auf daß sie seine Verse betrachten mögen und daß die mit Verständnis Begabten ermahnt seien.*

Die heiligen Schriften sollen dem Menschen zur Einsicht in die Notwendigkeit von Offenbarungen für den spirituellen Fortschritt verhelfen. Wer aufgrund seines Studiums der heiligen Schriften bestrebt ist, den Zugang zu den Offenbarungen im Innern zu finden, der hat ihre Aufforderung verstanden und gilt als weise. Die heiligen Schriften sollen den Boden bereiten für die Saat der Spiritualität; sie selbst können der Seele keine Rechtleitung gewähren – das muß individuell durch Gottes unmittelbare Offenbarungen geschehen –, sondern sie wollen uns dazu ermutigen und anhalten, diese Offenbarungen selbst zu empfangen. – Sure 43:68-69 beschreibt nochmals das Ziel des "gesegneten Pfades", den glückseligen Endzustand der Erlösung:

> *O Meine Diener, über euch wird an jenem Tage weder Furcht noch Trauer kommen. Ihr, die ihr an Unsere Zeichen geglaubt habt und euch ergabt, geht ein in das Paradies, ihr und eure Gefährten, in Ehren und glückselig.*

Wer die Offenbarungen Gottes empfängt, sich ihrer Führung anvertraut und sich damit Gott überantwortet, braucht vor der "Stunde der Abrechnung" keine Angst zu haben. Auch weiß er, daß er die ihm von Gott zuerteilte Frist gut genutzt hat, und ist sich der Früchte seines spirituellen Strebens sicher. So verliert der Tod seinen Stachel und wird zu einem Ereignis großer Freude, denn der Gläubige auf dem "gesegneten Weg" der Offenbarungen verschmilzt endgültig mit Gott und geht für immer in das "Paradies" ein. – Sure 44:3 besagt, daß der "gesegnete Weg" in der Nacht der Meditation zu finden ist:

> *Wahrlich, Wir offenbarten es (das Buch, den Koran) in einer gesegneten Nacht, damit Wir die Menschen dadurch warnen.*

Gott manifestiert sich der Seele, wenn sie sich von der Sinneswelt nach innen zurückgezogen und durch die "zehnte Tür" oder das

"Einzelauge" ins Jenseits eingetreten ist. Die Offenbarungen, die so im Zustand der "Inneren Schau" empfangen werden, sind ein Segen Gottes, weil sie den Menschen vor Irrtümern und Gefahren warnen und ihn auf dem rechten Weg leiten. – Sure 47:3 macht klar, daß Weisheit und Belehrung von Gott kommen, und zwar auf dem Wege der Offenbarungen:

> *Dies, weil jene, die nicht glauben wollen, nur dem folgen, was nichtig ist, die Gläubigen aber der Wahrheit von ihrem Herrn folgen. Also stellt Allah für die Menschen Gleichnisse zu ihrer Belehrung auf.*

Wer dem Pfad der göttlichen Offenbarungen folgt, der empfängt Weisheit und Wegweisung von Gott. Wer ihm nicht folgt, sondern den eitlen Phantasien des Gemüts nachgeht, der wird die Heimat seiner Seele nicht erblicken. Die Weisheit Gottes ist stets bezogen auf die Führung des einzelnen bei Entscheidungen und in kritischen Situationen. Diese Führung wird durch bestimmte Formen Gottes vermittelt, zum Beispiel durch einen leuchtenden Stern, der vor dem inneren Auge erscheint. So beruft sich der Prophet Mohammed in Sure 53:1-3 auf den "Nachtstern" als Zeugen für die Wahrheit seiner Worte:

> *Beim Stern, wenn er untergeht (oder auch: aufgeht)! Euer Gefährte (Mohammed) ist nicht fehlgeleitet und täuscht sich nicht, er spricht auch nicht, was bloße Lust ihm eingibt, sondern nur Allahs Offenbarung ist es, welche ihm zuteil geworden ist.*

Aus diesem Vers geht hervor, daß die Manifestation Gottes in Form eines leuchtenden Sterns der inneren Orientierung dienen soll, Verwirrung auflöst und die Wahrheit bekräftigt. Dieser Stern erscheint nicht von ungefähr, sondern hat einen bestimmten "Auftrag" von Gott auszuführen. Er teilt der Seele die Gebote Gottes mit, die speziell an sie in ihrer gefahrvollen Situation gerichtet sind. – Sure 65:5 erklärt:

> *Das ist Allahs Gebot, welches Er euch offenbart hat. Und wer Allah fürchtet, dem wird Er seine bösen Taten verkleinern und seinen Lohn vergrößern.*

Wer die Gebote Gottes befolgt, die durch Offenbarungen im Innern vermittelt werden, findet Vergebung für seine Sünden und Frieden und Glück bereits in diesem Leben. Wer anhand der Offenbarungen Gottes auf dem "gesegneten Pfad" wandelt, auf den sich dieser erste Teil des siebten Verses von *Al-Fātiḥa* bezieht, wird in diesem Leben und im Leben nach dem Tod die von Gott verhießene Glückseligkeit erlangen. Aus dem bisher Dargelegten wird nun klar sein, daß der Mensch den "gesegneten Pfad" nicht mittels seines Verstandes erkennt, findet und geht, sondern nur mit der barmherzigen Führung der Offenbarungen Gottes.

VIII

Ghairi'l Maghḍūbi 'alaihim wa-lā D-dāllīn

Wer die göttlichen Offenbarungen leugnet, zieht den Zorn Gottes auf sich und geht in die Irre

Der siebte Vers von *Al-Fātiḥa* macht als ganzes klar, daß die Menschen, die dem Pfad der göttlichen Offenbarungen folgen, zu Gott zurückkehren und mit ihm eins werden, während jene, die Gottes Offenbarungen ablehnen und leugnen, irregehen. Das arabische Wort *maghḍūb* bedeutet "eine Person, gegen die man zornig ist" und leitet sich von *ghaḍab*, "Zorn", ab. *Aḍ-ḍāllīn* bezeichnet die "Personen, die in die Irre gehen, verlorengehen, abirren" und leitet sich vom Verb *ḍalla* ab, welches "den Weg verfehlen, abirren, sich verirren" bedeutet. Wer vom rechten Pfad zu Gott abirrt und einen verkehrten Weg aufnimmt, der zieht den Zorn Gottes auf sich, denn er muß die Folgen für sein Irrtum erleiden und bleibt im Kreislauf von Geburt und Tod gefangen. Dieser siebte Vers erklärt insgesamt, daß die göttlichen Offenbarungen auf dem gesegneten Pfad führen und nicht auf dem Weg derer, die den Zorn Gottes auf sich ziehen, weil sie seine Offenbarungen geleugnet haben. Die Verleugnung, Ablehnung und Zurückweisung von Gottes gnädiger Führung durch Offenbarungen und die Folgen davon (die leidvolle Verlorenheit der irdischen Existenz) sind somit das Thema von diesem Abschnitt des letzten Verses von Sure *Al-Fātiḥa*. – Sure 2:6-7 besagt:

> *Denen, die ungläubig sind, ist es gleich, ob du sie warnst oder nicht – sie werden nicht glauben. Versiegelt hat Allah ihre Herzen und ihre Ohren, und über ihre Augen liegt eine Hülle, und ihnen wird schwere Strafe.*

Wer Gottes "Zeichen" oder Offenbarungen leugnet und nicht daran glaubt, den kann keiner auf den "gesegneten Pfad" zu Gott bringen, weil seine ablehnende Haltung eine unabänderliche Folge seines früheren Verhaltens, seiner bisherigen Handlungen und Vorstellungen ist. Aufgrund dieser geistigen Einstellung, die von allen bisherigen Ereignissen und Handlungen im Leben einer Person *(Karma)* geprägt wird, und der sich daraus ergebenden Äußerungen und Handlungen in der Gegenwart wird Gott sich einem solchen Menschen unmöglich im Innern offenbaren, sondern ihn der "Strafe", den Folgen seines Unglaubens überlassen – dem endlosen Kreislauf der irdischen Existenzen. Dieser Vers macht deutlich, daß diejenigen, die nicht an Gottes Offenbarungen und ihre Notwendigkeit für die Ausübung von Religion glauben und sie demzufolge auch nicht empfangen, schwere Strafe erleiden. – In Sure 2:14-15 lesen wir:

> *Und wenn sie (die Ungläubigen) mit denen zusammentreffen, die glauben, sagen sie: "Wir glauben"; sind sie jedoch allein mit ihren Bonzen, sagen sie: "Gewiß sind wir mit euch; wir treiben nur Spott." Allah wird sie Spott lehren und wird sie in ihren Freveln verharren lassen, daß sie verblendet irregehen.*

Wer sich lustig macht über Gottes Gebote und jene, die an Gottes Offenbarungen und deren Führung glauben, der zieht, wie dieser Vers deutlich macht, am Ende den kürzeren und wird die bitteren Konsequenzen für seine Unbelehrbarkeit spüren müssen. Er muß im

Irrtum verharren – es gibt kein Entrinnen vor dem Gesetz der Gerechtigkeit – und wird die Glückseligkeit der Nähe Gottes nicht erfahren. Wenige Verse weiter in Sure 2:18 wird die seelische Stumpfheit der Ungläubigen festgestellt:

> *Sie sind taub, stumm und blind – darum kehren sie nicht zurück.*

Hier wird erklärt, daß jene, welche die Offenbarungen Gottes im Innern nicht empfangen, taub, stumm und blind sind: ihre Seelen können Gott nicht wahrnehmen und ihn deshalb auch nicht anbeten und ihm nicht gehorchen. Aus diesem Grunde werden sie nicht zu Gott zurückfinden, um mit ihm eins zu werden. Ohne Gottes Offenbarungen ist der Mensch verloren. – Sure 2:39 lautet:

> *Die, welche nicht glauben und Unsere Zeichen verleugnen, werden Bewohner des Höllenfeuers sein und darin verbleiben.*

Solange ein Mensch die Offenbarungen Gottes leugnet und von sich weist, wird er, diesem und vielen anderen Koranversen zufolge, in der "Hölle" des leidvollen irdischen Lebens verbleiben müssen. Nur wer die göttlichen Offenbarungen im Innern empfängt, findet den Ausweg aus diesem Kreislauf. Die demütige Abkehr von dem Wahn der Selbstbehauptung gegen Gott ist nach Sure 2:46 die erste und oberste Voraussetzung für die Erlösung:

> *(Suchet Hilfe in der Geduld und im Gebet! Das ist zwar schwer, es sei denn für die Demütigen), welchen bewußt ist, daß sie ihrem Herrn begegnen müssen und zu Ihm zurückkehren werden.*

Wer eingesehen hat, daß sein Endziel in Gott liegt, muß Gott begegnen. Die Begegnung mit Gott ist aber nicht möglich, wenn Gott sich nicht manifestiert. Also muß der Mensch sich nach innen wenden, um dort mit seiner Seele die Manifestationen Gottes wahrzunehmen und seine Führung zu erhalten. Nur wer Gott in seinen offenbarten Formen begegnet, wird schließlich zu ihm zurückkehren und mit ihm verschmelzen. – Sure 2:90 lautet:

> *Für nichts haben sie ihre Seelen verkauft: Sie leugnen die Offenbarung Allahs aus Neid darüber, daß Allah Seine Diener nach Gefallen wählt und diesen Sich in Seiner Huld offenbart. Zorn auf Zorn kommt so über sie. Schmähliche Strafe trifft die Ungläubigen.*

Wer die Offenbarungen Gottes leugnet, der kommt nicht in den Genuß der Gnade Gottes. Diese ist jenen vorbehalten, die seine Offenbarungen aufnehmen und befolgen. Die Verleugnung der göttlichen Offenbarungen schließt den Menschen von der Gnade Gottes aus, und er hat deshalb die schweren Folgen seiner Taten voll auszukosten. Der Prophet Mohammed beschreibt in Sure 2:98 die Leugner der göttlichen Offenbarung als "Feinde Gottes":

> *Wehe dem, der ein Feind Allahs ist, Seiner Engel, Seiner Boten, von Gabriel und Michael! Allah ist solcher Ungläubigen Feind!*

Diesem Vers zufolge richtet sich der Zorn Gottes gegen alle, die seine Offenbarungen leugnen – sie sind seine Feinde und können deshalb nicht auf Vergebung und Erlösung hoffen. So erklärt auch Jesus in der Bibel: *"Wer aber gegen den Heiligen Geist lästert, findet bis ans Ende des Äons keine Vergebung, sondern ist äonenhafter Sünde schuldig"* (Markus 3,29). In diesem Koranvers wird das fundamentale Prinzip der Religion, wonach der Mensch den Segen Gottes nur mittels seiner Offenbarungen findet, zum wiederholten Male bestätigt. – Der nächste Vers (2:99) lautet:

> *Wahrlich, überzeugende Zeichen haben Wir zu dir hinabgesandt, nur Gottlose können sie ungehorsam bezweifeln.*

Die Offenbarungen Gottes ergehen in aller Deutlichkeit an die Menschen und sind eindeutig als Wahrheit erkennbar. Wer sie trotzdem leugnet, tut dies wider besseres Wissen und stellt sich auf die Seite der Unwahrheit. Auch Sure 2:104 spricht von der Notwendigkeit der eigenen Erfahrung von Gott in seinen manifesten Formen:

> *O ihr Gläubigen, saget nicht: "Rā'inā"* ("Beobachte uns!"), *sondern: "Unsurnā"* ("Schau auf uns!") *und hört auf das, was er euch sagt.*

Der nach Gott Suchende sollte – so lehrt uns dieser Vers – nicht von göttlichen Offenbarungen reden, sondern selbst Gott in seinen verschiedenen Ausdrucksformen schauen. Mit der persönlichen Erfahrung von Gott kann er Gottes Geboten eher gehorchen als nur auf der Basis von Hörensagen, denn Gott offenbart sich im Innern, um seine Gebote und Führung zu vermitteln und den rechten Sinn der heiligen Schriften zu erhellen. Dies geht auch aus Sure 2:121 hervor:

> *Sie, denen Wir das Buch herabgesandt haben und die es so lesen, wie es gelesen werden soll, sie glauben auch daran; die aber, die nicht daran glauben, haben selbst den Schaden.*

Dieser Vers erklärt, daß die göttlichen Offenbarungen in ihrer Klarheit so überzeugend sind, daß sie leicht zu befolgen sind. Wer sich von ihnen leiten läßt, findet Gottes Segen; wer sich sträubt, sich dagegen auflehnt oder sie als Unsinn verleugnet und deshalb ihre Führung nicht annimmt, geht in die Irre und hat selbst den Schaden. Wenige Verse weiter (2:137) wird ähnliches gesagt:

> *Glauben sie nun, wie auch ihr glaubt, dann sind sie auf dem rechten Weg; wenden sie sich aber davon ab, stellen sie sich dagegen. Dir aber wird Allah beistehen, denn Er hört alles und weiß alles.*

Auch hier heißt es, daß diejenigen, die an die Offenbarungen Gottes glauben und sich ihrer Führung überantworten, sich auf dem richtigen Weg befinden. Und wer sie leugnet, folgt dem "Weg derer, die den Zorn Gottes auf sich ziehen und in die Irre gehen", wie es in *Al-Fātiḥa* (Vers 7) heißt, und wird für seinen Fehler bestraft. – Sure 2:159 lautet:

> *Diejenigen, welche die deutlichen Zeichen verheimlichen, auch die Rechtleitung, welche Wir offenbart und die Menschen deutlich in der Schrift gelehrt haben, werden von Allah verflucht, und alle, die zu verfluchen imstande sind, werden sie verfluchen.*

Es wird ganz klar in diesem Vers ausgesprochen, daß der Fluch Gottes jene trifft, die die "Zeichen Gottes" verdrehen, unterdrücken und verleugnen. Sie werden für ihre Tat keinen angenehmen Lohn empfangen, weil sie anderen Menschen die Führung Gottes vorenthalten haben. So lesen wir diesbezüglich in Sure 3:4 folgendes:

> *Er offenbarte dir die Schrift mit der Wahrheit und bestätigte hiermit Sein schon früher gesandtes Wort. Er offenbarte schon vorher die Thora und das Evangelium als Richtschnur für die Menschheit, und nun offenbarte Er die Unterscheidung. Wahrlich die, welche die Zeichen Allahs leugnen, erhalten große Strafe.*

Die Offenbarungen Gottes dienen der Führung jener, die ihnen folgen wollen, und vermitteln ebenfalls das Kriterium für die Unterscheidung zwischen Wahrheit und Unwahrheit, zwischen richtigem und falschem Weg, zwischen gutem und schlechtem Handeln. Wer von den Offenbarungen Gottes nichts wissen will, dem fehlen die innere Führung sowie dieses Kriterium, und er wird darunter leiden. Gottes Zorn droht jedoch nicht nur jenen, die die im Innern zu empfangenden göttlichen Offenbarungen leugnen, sondern auch jenen, die die Propheten und Gottesmänner mißhandeln:

> *Denen aber, welche Allahs Zeichen leugnen und die Propheten ohne Grund töten und diejenigen morden, welche Recht und Gerechtigkeit predigen, ihnen verkünde peinvolle Strafe. Ihre Werke sind für diese und für jene Welt verloren, und da ist keiner, der ihnen helfen wird. (3:21-22)*

Wer den Gehorsam gegenüber Gottes Offenbarungen und Gesandten verweigert und sie verfolgt, dessen gute Taten werden für nichtig gehalten, er findet keinen Beistand am "Tag der Abrechnung", da der Beistand zu den Aufgaben der Offenbarungen Gottes in der Todesstunde gehört, und er muß als Folge seiner halsstarrigen Verleugnung im leidvollen Rad des Lebens bleiben. Der einzige verheißungsvolle, segensreiche Weg – für den, der es einzusehen vermag – liegt darin, Gott in seinen Offenbarungen, das heißt in seinen manifesten Formen, zu begegnen und sich seiner Führung anzuvertrauen. In Sure 3:112 steht ähnliches geschrieben:

> *Mit Schmach sollen sie geschlagen werden, wo immer sie angetroffen werden, es sei denn sie haben einen Bund mit Allah und mit den Menschen. Sie haben Allahs Zorn erregt; und mit Elend sind sie geschlagen, weil sie Allahs Zeichen verwarfen und die Propheten widerrechtlich morden. Dies, weil sie Empörer waren und das Maß überschritten.*

Dieser Vers spricht, wie Vers 7 von *Al-Fātiḥa*, von dem Zorn Gottes, der dem Gesetz und der Gerechtigkeit Gottes zufolge jene trifft, die seine Offenbarungen und die Warnung der Propheten mißachten und die Propheten sogar töten. Sie werden verurteilt, im Zyklus von Geburt und Tod auf Erden zu bleiben, und werden bis ans Ende der Zeit die Erlösung nicht finden. Gott schickt seine "Beauftragten" zu jeder Generation als ständige Warnung vor dem falschen Weg und zur Führung der Seelen, wenn die Menschen nur von diesem Angebot Gebrauch machen würden:

> *Es sind vor euch schon viele Verordnungen ergangen; also durchwandert die Erde und schaut, wie das Ende derer war, die die Wahrheit verwarfen!* (3:137)

Dieser Vers fordert den nach Gotterkenntnis Strebenden dazu auf, sich umzuschauen und an den Menschen selbst die schrecklichen Folgen gottwidrigen Verhaltens zu sehen. Gottes Offenbarungen trennen in der Todesstunde, die die Stunde der Abrechnung der guten und schlechten Taten ist, ohne Fehl die Gläubigen, die sich bei Lebzeiten Gott in seinen manifesten Formen überantworteten, von den Ungläubigen, die die Wahrheit von sich wiesen und die Führung

Gottes ablehnten. Die Gläubigen werden dank der Fürsprache der göttlichen Manifestationen unter günstigen Bedingungen wiedergeboren, die ihnen den raschen Fortschritt zur Vollendung auf dem Weg zu Gott sichern werden, oder die nochmalige Wiedergeburt wird ihnen sogar erlassen, so daß sie vollends mit Gott verschmelzen können. Die Ungläubigen dagegen müssen in weiteren Leben auf Erden die Folgen ihres Handelns – die "Hölle" – in vollem Maße erleiden. Von diesem Prinzip der Beurteilung und gerechten Vergeltung menschlichen Handelns spricht auch Sure 4:56, wo auch von der Wiedergeburt (Reinkarnation) die Rede ist:

Die, welche Unseren Zeichen nicht glauben, werden in Höllenflammen braten, und sooft ihre Haut verbrannt ist, geben Wir ihnen eine andere Haut, damit sie die Strafe auskosten. Wahrlich, Allah ist allmächtig und allweise.

Die "Haut", die vom Höllenfeuer verbrannt wird, ist der physische (nicht unbedingt menschliche) Körper, der vom irdischen Dasein verbraucht, aufgezehrt wird. Dieser Vers spricht eindeutig davon, daß die Leugner der Offenbarungen Gottes wiederholt einen Körper annehmen müssen, um die Sorge, Mühe und Qual des irdischen Daseins auszukosten. Sie müssen im Rad der Wiedergeburt bleiben, bis sie für ihre schlechten Taten voll gebüßt haben und nichts mehr wiedergutzumachen ist. Sobald ihr "Sündenkonto" oder schlechtes Karma beglichen ist, haben sie erneut die Chance, durch die Vermittlung eines Gottmenschen auf den "gesegneten Pfad" der göttlichen Offenbarungen zu gelangen. – Sure 4:136 lautet:

O ihr Gläubigen, glaubet an Allah und Seinen Gesandten und an das Buch, das Er Seinem Gesandten offenbart hat, und an die Schrift, die Er zuvor offenbarte. Und wer nicht

> *an Allah und Seine Engel und Seine Bücher und Seine Gesandten und an den Jüngsten Tag glaubt, der ist wahrlich weit irregegangen.*

Ohne die Führung der göttlichen Offenbarungen verfehlt der Mensch den "gesegneten Pfad" und geht in die Irre. Deshalb warnt dieser Vers, daß diejenigen, die den göttlichen Offenbarungen, den Propheten und heiligen Schriften den Glauben und Gehorsam versagen, verloren sind. Damit wird klar, daß Religion göttliches Gesetz und ein zeitloser Vorgang ist, an dem es nichts Neues gibt. Die Worte der Propheten und heiligen Schriften sollten wir also anhand der eigenen Erfahrung von Gottes Offenbarungen richtig zu verstehen versuchen.

> *Die unter ihnen aber, die fest gegründet im Wissen sind, und die Gläubigen, die da an das glauben, was dir offenbart wurde und was vor dir offenbart worden ist, und vor allem die, die das Gebet verrichten und die Zakāt zahlen und an Allah glauben und an den Jüngsten Tag – ihnen allen werden Wir gewiß einen großen Lohn gewähren.* (4:162)

Der "große Lohn" der Erlösung, der Glückseligkeit im Paradies bei Gott ist, wie dieser Vers bezeugt, für jene bestimmt, die die Führung durch göttliche Offenbarungen akzeptieren, Gott in seinen manifesten Formen anbeten und von ihm zu selbstlosem Dienst an der gesamten Schöpfung *(Zakāt)* inspiriert werden. Die Offenbarungen Gottes vermitteln, wie in Sure 4:166-167 geschrieben steht, so eindeutig und überzeugend die Wahrheit, daß sie keines weiteren Bürgen bedürfen:

> *Doch Allah bezeugt durch das, was Er zu dir hinabgesandt hat, daß Er es mit Seinem Wissen sandte; auch die Engel be-*

> *zeugen es; und Allah genügt als Zeuge. Die aber ungläubig sind und abwendig machen von Allahs Weg, die sind fürwahr weit in die Irre gegangen.*

Wer von vornherein die Möglichkeit und Notwendigkeit der göttlichen Offenbarung für den Weg der Seele zurück zu ihrem Schöpfer leugnet, der verbaut sich selbst den Zugang zur Wahrheit. Denn über Gott kann man nur durch seine Offenbarungen etwas erfahren. Die eigene Erfahrung, sprich: Kenntnis von Gott ist die unerläßliche Voraussetzung *(Conditio sine qua non)* für den Glauben an ihn und damit für die Erlösung. Dies ist das Prinzip der Religion überhaupt und liegt dem ganzen Koran zugrunde. Nochmals in Sure 4:175 kommt dies zum Ausdruck:

> *Die nun an Allah glauben und an Ihm festhalten, sie wird Er in Seine Barmherzigkeit und Gnade führen und auf dem rechten Wege zu Sich leiten.*

Glauben ist nicht das Ergebnis von logischer Schlußfolgerung, denn diese kann jederzeit überholt und korrigiert werden. Vielmehr ist der überzeugte Glaube das Ergebnis von eigener Erfahrung, von eigenem Sehen. Gott und seine Attribute kann man sehen, wenn Gott sie in seiner Barmherzigkeit und Gnade der Seele offenbart. Dann ist es möglich, sich ihm zu ergeben oder *Islām* zu praktizieren. Und die Ergebenheit gegenüber Gott findet seinen Segen. Unumwunden erklärt Sure 5:10, daß die Ungläubigen in der Hölle des irdischen Lebens verbleiben müssen:

> *Die aber ungläubig sind und Unsere Zeichen verwerfen, die sind der Hölle Bewohner.*

Auch Sure 6:21 erklärt unmißverständlich, was den Ungläubigen und Verleugnern der Offenbarungen Gottes bevorsteht:

Und wer ist ungerechter als der, der eine Lüge ersinnt wider Allah, oder als der, der Seine Zeichen für Betrug hält? Wahrlich, die Ungerechten werden nie Erfolg haben.

Gottes Offenbarungen den Glauben zu versagen, heißt soviel wie, sie für Lug und Trug zu halten und Gott damit der Lüge zu zeihen. Der Koran ruft die Menschen dazu auf, an die Wahrheit von Gottes Offenbarungen zu glauben und ihnen den Gehorsam nicht zu verweigern. Wer dies nicht tut, schadet nur sich selbst, indem er den Zorn Gottes auf sich zieht. Noch ist keiner dem "Tag des Gerichts", der Abrechnung in der Todesstunde, entronnen. Sure 6:31 lautet:

Wahrlich, die Verlierer sind die, welche die Begegnung mit Allah leugnen. Wenn dann aber unversehens die "Stunde" über sie kommt, werden sie sagen: "O wehe uns, daß wir sie vernachlässigt haben!" Und sie werden ihre Last auf dem Rücken tragen. Wahrlich, schlimm ist das, was sie tragen werden.

Wer Gott nicht bei Lebzeiten in seinen manifesten Formen begegnet ist, der wird dies spätestens in seiner Todesstunde tun. Dann aber hat er keinen Fürsprecher, sondern steht allein vor dem Richterstuhl Gottes. Allein das Nachdenken über Gott und den Jüngsten Tag reicht aber nicht aus, um durch die Barmherzigkeit Gottes noch während des Erdenlebens den rechten Weg zu finden. Dazu bedarf der Mensch der Führung durch die Offenbarungen Gottes. In Sure 6:39 steht geschrieben:

Und diejenigen, welche Unsere Zeichen der Lüge beschuldigen, sind taub und stumm und wandeln in der Finsternis. Allah führt irre, wen Er will, und leitet auf den rechten Weg, wen Er will.

Ohne die Führung der göttlichen Offenbarungen, so erklärt dieser Vers, tappt der Mensch im Dunkeln: er sieht Gott nicht, auch hört er seine "Stimme" und Botschaften nicht, und er verfehlt den "geraden Weg". Aus diesem Grund ist die Verleugnung der "Zeichen Gottes", wie auch aus Sure 7:23 hervorgeht, so verhängnisvoll:

Sie sprachen: "Unser Herr, wir haben wider uns selbst gesündigt; und wenn Du uns nicht verzeihst und Dich unser erbarmst, dann werden wir gewiß unter den Verlorenen sein."

Sure 7:177-178 gibt ein Gleichnis für die Lage der Ungläubigen, die sich mit der Verleugnung der Offenbarungen Gottes an ihrer eigenen Seele versündigen:

Erzähle ihnen auch die Geschichte dessen, dem Wir auch Unsere Zeichen gaben, der sich aber davon wegwandte, weshalb ihm der Satan folgte, bis er verführt wurde. Hätten Wir gewollt, Wir hätten ihn durch den Koran zur Weisheit erhoben; doch er neigte zur Erde (zum Irdischen) und folgte seinen Lüsten. Er gleicht einem Hund, der immer die Zunge heraushängen läßt, du magst auf ihn losgehen oder ihn in Ruhe lassen. Dies ist das Bild von Leuten, die Unsere Zeichen des Betrugs beschuldigen. Erzähle ihnen diese Geschichte, vielleicht denken sie nach. Wie schlimm steht es mit den Leuten, die Unsere Zeichen für Lüge erklären und damit gegen sich selbst freveln!

In diesem Vers wird die Schwere des Vergehens, die Offenbarungen Gottes zu leugnen und als Täuschung abzulehnen, beschrieben. Mit dieser Sünde schadet der Mensch sich selbst mehr als anderen, denn damit verschließt er vor sich selbst die Tür zum Himmelreich. Wie tief der Mensch aufgrund dieser Sünde sinkt, wird in Sure 8:22 beschrieben:

> *Noch tiefer als das Vieh sind bei Allah die angesehen, welche taub und stumm und ohne Einsicht sind.*

In diesem Zusammenhang sind jene Menschen als "taub" bezeichnet, die – weil sie die Offenbarungen Gottes leugnen und nicht zu akzeptieren bereit sind – die Botschaften Gottes nicht vernehmen; die "Stummen" sind jene, die mangels eigener Erfahrung kein Zeugnis von Gott, seinen Offenbarungen und Attributen ablegen können. Diesem Vers zufolge hat selbst das Vieh größere Chancen auf Erlösung als ein Mensch, der Gottes "Zeichen" verleugnet. Ähnlich heißt es in Sure 8:55:

> *Als die schlimmsten Tiere gelten bei Allah die Ungläubigen, die durchaus nicht glauben wollen.*

Wer also wider besseres Wissen die Offenbarungen Gottes zurückweist und als unglaubwürdig leugnet, ist vor Gott verabscheuungswürdig und zieht seinen Zorn auf sich. Sure 10:69 lautet:

> *Sprich: "Die, welche von Allah Lügen erdichten, sie werden keinen Erfolg haben."*

Auf der Basis von Nachdenken und logischer Schlußfolgerung über Gott und seinen Attributen zu reden, ist dem heiligen Propheten Mohammed zufolge nur intellektuelles Gerede, das an der Wirklichkeit Gottes vorbeigeht – und deshalb Lüge ist. Die Wahrheit über Gott erfährt man nur durch seine Offenbarungen an die Seele, und ausschließlich auf diesem Weg kann man Gott erkennen und bezeugen. Alles andere ist "Lüge" und Irrtum und führt einen selbst wie auch andere in die Irre. – In Sure 10:89 heißt es.

> *Er sagte (zu Mose und Aaron): "Euer Gebet ist erhört. Seid nun standhaft und folgt ja nicht dem Weg derer, die nicht Bescheid wissen."*

Auch dieser Vers warnt davor, den Weg der Unwissenden einzuschlagen, die den Zorn Gottes auf sich ziehen. Die "Unwissenden" sind laut Koran jene Menschen, die Gott nicht aus eigener Erfahrung kennen, weil sie seine Offenbarungen nicht empfangen. Die "Unwissenden" haben denn auch keinen Erfolg im Leben, das heißt, sie finden bei all ihrem irdischen Trachten nicht den spirituellen Lohn, der der Seele eigentlich gebührt:

> *Du darfst keinesfalls einer von denen sein, die die Zeichen Allahs als Lüge erklären. Sonst gehörst du zu denen, die den Schaden haben.* (10:95)

Der spirituelle Lohn, der "paradiesische", glückselige Zustand der Erlösung, hängt davon ab, ob man Gott zurückweist oder ihn in seinen geoffenbarten Formen annimmt und sich ihm ergibt. Dieses Kriterium wird in Sure 18:57 deutlich beschrieben:

> *Und wer ist ungerechter als der, der an die Zeichen seines Herrn gemahnt worden ist, sich aber von ihnen abwendet und die früheren Werke seiner Hände vergißt? Wahrlich,*

> *Wir haben Schleier über ihre Herzen und Taubheit in ihre Ohren gelegt, so daß sie es nicht begreifen. Und selbst wenn du sie zum rechten Weg rufst, sie werden den rechten Weg nicht einschlagen.*

Wer die Offenbarungen Gottes von sich weist und sie als unwichtig oder unwahr abtut, befindet sich auf einem falschen Weg, auf dem er nie zu Gott finden, nie erlöst wird. Das Herumirren im Kreislauf der irdischen Existenz gilt als die schmerzvolle "Strafe" für die Leugnung der göttlichen Offenbarung, wie aus Sure 20:48 hervorgeht:

> *"Es ist uns offenbart worden, daß Strafe über den kommen wird, der Seine Zeichen verwirft und sich davon abwendet."*

Wer sich nicht bei Lebzeiten von Gottes Offenbarungen zu seinem wahren Ziel leiten läßt, hat in der Todesstunde beim "Gericht", bei der Abrechnung seiner Taten vor dem Richterstuhl Gottes, den Schaden selbst zu ertragen. Die Rechtleitung kommt der Seele nur auf dem Wege der göttlichen Offenbarungen zu:

> *Wahrlich, Er, Der den Koran für dich bindend gemacht hat, wird dich zurückbringen zur Stätte der Wiederkehr (d.i. die Wohnstatt im Jenseits). Sprich: "Mein Herr weiß am besten, wer sich hat rechtleiten lassen und wer in offenbarem Irrtum ist."* (Sure 28:85)

In diesem Vers wird erneut bestätigt, daß diejenigen Menschen, die die Offenbarungen Gottes annehmen, auf den rechten Weg geführt werden und die Erlösung erlangen, während die, die sich in ihrer Blindheit vor Gottes Führung auf diesem Weg verschließen, in die

Irre gehen und im "Exil" des irdischen Lebens bleiben. Sure 29:49 lautet:

> *Nein, es sind klare Zeichen in den Herzen derer, denen das Wissen gegeben ward. Es sind aber nur die Ungerechten, die Unsere Zeichen leugnen.*

Dieser Vers sagt eindeutig, daß die Menschen, die die Zeichen oder Offenbarungen Gottes verwerfen, vor Gott ungerecht sind. Daß sie dafür die entsprechenden Folgen, die "Strafe", zu erdulden haben, geht ebenfalls aus Sure 32:22 hervor:

> *Und wer verübt ärgeren Frevel als jener, der an die Zeichen seines Herrn gemahnt wird und sich dann doch davon abwendet? Wahrlich, Wir werden die Sünder streng bestrafen.*

Der Prophet Mohammed wird nicht müde, seine Zeitgenossen vor den Folgen der menschlichen Überheblichkeit zu warnen, die in der halsstarrigen Verwerfung der Offenbarungen und Leitung Gottes besteht. Seine Botschaft, die auch die der anderen Gottesgesandten ist, gilt auch heute noch für uns: wer die Offenbarungen Gottes leugnet, zählt zu den Sündern und wird nicht vor dem Zorn Gottes gerettet. Sure 40:56 lautet:

> *Diejenigen, die über die Zeichen Allahs streiten, ohne daß irgendeine Ermächtigung zu ihnen kam – nichts ist in ihren Herzen als Großmannssucht –, sie werden ihr Ziel nicht erreichen. So nimm Zuflucht bei Allah. Fürwahr, Er ist der Allhörende, der Allsehende.*

In den Offenbarungen Gottes selbst liegt die Ermächtigung, über sie zu sprechen und die Rechtleitung, die sie gewähren, zu bezeugen. Die Offenbarungen Gottes sind für die Seele die einzige rechtleitende Autorität, und deshalb sind sie für die Rückkehr zu Gott so wichtig. Wer sie übergeht, findet keinen Fürsprecher in der Stunde des "Jüngsten Gerichts" und fällt dem Zorn Gottes anheim. Für ihn gibt es, wie Sure 42:35 besagt, kein Entrinnen und keinen Beistand vor dem Strafgericht:

> *Diejenigen, die über Unsere Zeichen streiten, sollen deshalb wissen, daß es für sie kein Entrinnen gibt.*

Dieser Vers erklärt, daß es keinen anderen Weg am Strafgericht Gottes vorbei gibt, als die Offenbarungen Gottes anzunehmen und ihrer Führung zu folgen. Die Gottesgesandten sind beauftragt, die Menschheit davor zu warnen, sich über die Zeichen und Botschaften Gottes hinwegzusetzen. So heißt es in Sure 45:8-9:

> *Wehe jedem lügenhaften Sünder, welcher die Zeichen Allahs hört, wie sie ihm vorgelesen werden, und dennoch hochmütig im Unglauben verharrt, als habe er sie nie gehört, und der, wenn ihm etwas von Unseren Zeichen bekannt wird, diese nur mit Spott empfängt! Für solche ist schmachvolle Strafe bestimmt ...*

Auch aus dieser Stelle geht hervor, daß derjenige verloren ist, der die göttlichen Offenbarungen leugnet. Er wird den richtigen Weg nicht finden. Wenige Verse später, in Sure 45:11, heißt es:

> *Dies ist die richtige Leitung. Die nun die Zeichen ihres Herrn leugnen, werden die Strafe peinvoller Qual erleiden.*

Ohne die Offenbarungen Gottes geht der Mensch also in die Irre, er findet den Weg zurück in seine Heimat nicht und erleidet "Strafe peinvoller Qual". Die Qualen, auf die der Koran in so vielen Versen hinweist, sind die Nöte und Mühen des irdischen Daseins, denen der Mensch nicht entrinnen kann, solange er sich gegen die Belehrung und Rechtleitung durch die Offenbarungen Gottes sperrt. Sure 45:35 lautet entsprechend.

> *("Die Hölle mit ihrer Feuersglut soll eure ewige Stätte sein, und niemand wird euch helfen können,) deshalb weil ihr für die Zeichen Allahs nur Spott hattet und weil ihr euch vom irdischen Leben habt betören lassen." Darum sollen sie an jenem Tag nicht aus ihm (dem Feuer) herausgebracht werden, und von ihnen wird nie mehr gefordert werden, sich Allah wohlgefällig zu erweisen.*

Dieser Vers macht deutlich, daß jenen, die sich über göttliche Offenbarungen lustig machen und sie nicht annehmen wollen, die Gnade Gottes und die Befreiung aus dem irdischen Dasein in der Todesstunde nicht zuteil werden. Sie müssen die Konsequenzen ihres Unglaubens ertragen. Was geschieht mit der Seele solcher Menschen in der Todesstunde?

> *Wie wird es ihnen aber sein, wenn die Engel sie sterben lassen und ihnen ins Gesicht und auf den Rücken schlagen? Dies geschieht deshalb, weil sie nur dem folgten, was den Zorn Allahs herausfordert, und dem entgegen waren, was Ihm wohl gefällt; aber Er wird ihr Tun zunichte machen.*

Mit diesem Vers wird klar, daß all unser Handeln, Streben und Planen hier auf Erden nichtig ist, wenn wir dabei nicht den Offenbarungen Gottes folgen. Handlungen, die nach ethischen Maßstäben noch so "gut" sein mögen, nutzen dem Menschen in der Stunde der Entscheidung über sein weiteres Schicksal kein bißchen, wenn er dabei nicht auf die Führung der Offenbarungen Gottes gehört hat. Er ist dem "Zorn Gottes" hilflos ausgeliefert.

Alle diese Koranverse, die wir hier aufgezählt haben, führen das in *Al-Fātiḥa* dargelegte spirituelle Prinzip genauer aus, wonach der rechte, von Gott gesegnete, gerade Weg zurück zu Gott nur mit Hilfe der Offenbarungen Gottes gefunden und gegangen werden kann. Wer die angebotene Rechtleitung durch die Offenbarungen Gottes hingegen ausschlägt, "wandelt auf dem Pfad derer, die den Zorn Gottes auf sich ziehen," und wird den Weg zur Erlösung nicht finden.

Schlußbetrachtung

Der Koran ist ebenso wie die Veden, die Bibel und andere heiligen Schriften ein Buch, das das Wissen um Gott beschreibt. Es entspricht dem ewig gültigen Gesetz Gottes, daß der Mensch um Gott wissen soll. Dieses ewig gültige Gesetz wurde zur Zeit der Welterschaffung erlassen, doch der Mensch erliegt immer wieder falschen Vorstellungen von diesem Gesetz und den Mitteln zu seiner Erfüllung, weshalb Gott sein Gesetz immer wieder neu offenbart hat. Ziel dieser oft wiederholten Offenbarungen Gottes ist also die Korrektur der Fehler und Mißverständnisse, und nicht etwa die Vermittlung eines neuen Gesetzes oder die Überarbeitung des bisherigen göttlichen Gesetzes. Denn Gott irrt sich nicht, noch vergißt er. Wenn also religiöse Gemeinschaften für sich ein "neues" Testament oder Vermächtnis Gottes beanspruchen, so entspricht dies weder dem göttlichen Gesetz noch dem offenbarten Wissen um Gott.

Gott teilt sein Gesetz der Menschheit durch Offenbarung mit. Alle Heiligen, die Offenbarungen von Gott empfingen und auf diesem Wege an der Weisheit Gottes Anteil hatten, mußten feststellen, daß das Gesetz Gottes über Raum und Zeit hinweg seine Identität und Gültigkeit bewahrt. Wer aber über den Intellekt einen Zugang zu den Aussagen der heiligen Schriften sucht und sie mit seinem Verstandesapparat auszulegen versucht, wird aufgrund seines unzulänglichen Wissensstandes zu unterschiedlichen Auffassungen von dem göttlichen Wissen gelangen. Dies führt leicht dazu, daß man sie dann aus vielerlei Gründen, vor allem aber aus Opportunismus und Eigeninteresse (Macht, Geldgier, Ansehen u.dergl.m.) als etwas Neues hinstellt, um sie zur Gründung einer eigenen Gruppe um sich herum zu mißbrauchen. So kommt es zwischen den Anhängern der unterschiedlichen Auslegungen von den heiligen Schriften, die selbst nicht in der Lage sind, Offenbarungen von Gott zu empfangen, zu Auseinandersetzungen und Spaltungen.

Der Heilige oder Prophet ist bemüht, die Menschen zum rechten Verständnis des göttlichen Gesetzes zu verhelfen, indem er unsere Seele an den Startpunkt des göttlichen Pfades im Innern geleitet und sie auf diesen Weg stellt. Er verschafft den Seelen Zugang zu den Offenbarungen Gottes. Dies wird jedoch von den organisierten Religionen aus selbstsüchtigen Gründen und mangels des rechten Verständnisses bestritten. Der Prophet Mohammed wollte bei der Zusammenstellung der koranischen Offenbarung die Notwendigkeit göttlicher Offenbarung hervorheben und stellte deshalb die Sure *Al-Fātiḥa* an den Anfang des Korans. Die Sure *Al-Fātiḥa* wurde nicht als erste Offenbarung dem heiligen Propheten des Islam zuteil, sondern durch die Voranstellung dieses Kapitels sollte betont werden, daß das Wissen um Gott nur durch Offenbarungen von Gott zu erlangen ist und daß es ohne göttliche Offenbarung dem Menschen nicht möglich ist, etwas von Gott zu wissen.

Bismi'llāh-i r-raḥmāni r-raḥīm bedeutet, daß Gott sich durch seine Offenbarungen als allbarmherzig und allgnädig erweist, und dadurch, daß Mohammed diesen Vers am Anfang jeder weiteren Sure des Korans (mit Ausnahme von Sure 9) wiederholte, unterstrich der Prophet Mohammed, daß das Wissen um Gott und seine wahren Attribute, von dem der ganze Koran Zeugnis ablegt, nur auf dem Wege der göttlichen Offenbarung erlangt werden kann.

All die vielen Namen Gottes – Allah, Jahwe, Ishwar, Waheguru und so weiter – sind ihm von den Menschen zugewiesen worden. Gott ist aber namenlos, er hat keinen Namen und läßt sich nicht benennen. Durch solche von den Menschen zugeschriebenen Namen kann der Mensch die wahren Attribute Gottes nicht erkennen. Diese sind nur zu erkennen, wenn Gott sich selbst der Seele direkt (also nicht auf dem Umwege des Verstandes) manifestiert und mitteilt. Der erste Vers von *Al-Fātiḥa*, der erste Vers des Koran bedeutet also nicht: "Im Namen Allahs, des Allbarmherzigen, des Allgnädigen". Eine solche Wiedergabe des Textes belegt nur einmal mehr die Anfälligkeit des menschlichen Verstandes für Mißverständnisse und Fehldeutungen, wenn es um die Botschaft der heiligen Schriften geht, und hat zur heute weitverbreiteten Annahme geführt, daß man durch das Rezitieren und Nachdenken über die von dem Menschen Gott zugewiesenen Namen die wahren Attribute Gottes erkennen wird. Dabei ist es Zweck der Wiederholung der Basmala bei jedem Gebet und vor jeder wichtigen Handlung, sich wieder in Erinnerung zu rufen, daß weder rechte Anbetung Gottes noch rechtes Verständnis des göttlichen Gesetzes ohne das Empfangen von den Offenbarungen im Innern möglich ist.

Einzig und allein der lebende Heilige, der mit der spirituellen Führung seiner Mitmenschen während seiner irdischen Lebenszeit betraut ist, kann ihnen den Zugang zu den Offenbarungen Gottes in den Bereichen jenseits der physisch-sinnlichen Wahrnehmung vermitteln. Jede heilige Schrift beschreibt diese wichtige Tatsache, und auch der Koran bestätigt dieses grundlegende Prinzip, daß keiner die Offenbarungen Gottes empfangen kann, ohne dem lebenden Propheten oder Heiligen gegenüber gehorsam zu sein und seine Anweisungen zu befolgen.

Die Religion des *'Islām* weiß – in Übereinstimmung mit den heiligen Schriften anderer Religionen – um die Notwendigkeit und wichtige Rolle des lebenden Propheten. So akzeptiert der gläubige Muslim

Jesu Ankündigung des "Trösters", der "bald kommen wird", und bezieht dies auf den Propheten des Islam, auf Mohammed. Gleichzeitig jedoch behauptet der organisierte Islam, Mohammed sei der letzte der Propheten, das "Siegel der Propheten", und übergeht dabei die Botschaft von Hunderten von Koranversen, die die Notwendigkeit eines in der jeweiligen Gegenwart lebenden Propheten für die geistliche Führung und Rechtleitung seiner Generation betonen. In allen organisierten Religionen läuft dies nach demselben Muster ab. Die falsche Einschätzung der Notwendigkeit und Rolle des lebenden Propheten für die Rechtleitung der Menschen seiner Zeit geht auf ein Mißverständnis der heiligen Schriften und den Wunsch, die eigene Existenz als etablierte religiöse Organisation zu wahren, zurück.

Religion ist im eigentlichen Sinne die Reise der Seele zurück zu Gott oder, wie der Koran es ausdrückt, die "Heimkehr der Seele zu Gott". Die Religion des Menschen besteht also in der Rückkehr der Seele zu Gott, und diese ist nur unter der Führung und dem Schutz der Offenbarungen Gottes möglich. In *Al-Fātiḥa* heißt es, daß die göttlichen Offenbarungen die Seele auf Gott ausrichten und sie zu ihm hinführen. Auch die Anbetung Gottes ist nur durch die direkte Erfahrung seiner offenbarten, manifesten Formen im Innern möglich. Aus diesem Grunde ist die Verbindung mit einem lebenden Gesandten Gottes oder Propheten eine unbedingte Voraussetzung für die lohnende weil gottgefällige Ausübung der Religion: er ist es, der für den Gottsucher den Zugang zu den Offenbarungen Gottes in sich selber schafft und die innere Verbindung mit Gott in seinen manifesten Formen herstellt.

Dieses Prinzip wird in allen heiligen Schriften bestätigt, und der Koran ist dabei keine Ausnahme. Trotzdem hat der organisierte Islam eine falsche Auffassung hiervon und betrachtet den Propheten Mohammed als den letzten von Gott beauftragten Propheten überhaupt, als das "Siegel der Propheten". Dabei machte der Prophet Mohammed entsprechend dieser Grundregel der Religion selbst keinen Unterschied zwischen sich und seinen Vorgängern, zwischen der Botschaft, die er seinen Mitmenschen mitzuteilen hatte, und derjenigen anderer Propheten. Genau wie sie und alle anderen Propheten nach ihm hatte auch er den Auftrag, die Menschen seiner Zeit vor den Folgen des Unglaubens zu warnen und sie mit den Offenbarungen Gottes im Innern zu verbinden. Damit die aufrichtig strebenden Menschen Gottes Offenbarungen im Innern empfangen können, muß es immer einen Gottmenschen oder Propheten auf Erden geben, der für sie die innere Verbindung mit den Manifestationen Gottes herstellt. Den Propheten Mohammed als den letzten in der Kette der Propheten zu bezeichnen, widerspricht den Lehren des heiligen Koran.

Die Eröffnungssure des Koran, *Sūra Al-Fātiḥa*, trägt verschiedene Titel, darunter *Fātiḥat al-Kitāb* (d.h. der Anfang der Gotterkenntnis), *Al-Ḥamd* (d.h. der Lobpreis der wahren Attribute Gottes), *Umm al-Qur'ān* (d.h. die Mutter des Koran), *Umm al-Kitāb* (d.h. die Mutter der göttlichen Weisheit), *Al-Sab' al-Mathānī* (d.h. die vollkommene Anbetung und Gotterkenntnis) und *Al-Kanz* (d.h. der göttliche Schatz). Diese Namen trägt sie zurecht, denn *Al-Fātiḥa* beschreibt in konzentrierter Form die spirituellen Prinzipien, wonach Gotterkenntnis mit Hilfe der göttlichen Offenbarungen zu erlangen ist.

Es wird oft behauptet, daß die Aussagekraft, Eleganz und Bildhaftigkeit der arabischen Sprache des Koran das menschliche Fassungsvermögen übersteigt, weil sie göttlichen Ursprungs ist. In Wahrheit wird die Weisheit Gottes nicht in irgendeiner Sprache der Menschheit mitgeteilt, sondern sie wird der Seele eingeflößt, wenn sie sich im Zustand der Versenkung in Gott befindet. Der Gottergebene, der diese Weisheit in seiner Seele aufnimmt, verleiht ihr sodann in seiner eigenen Sprache Ausdruck. Aus diesem Grunde handelt es sich bei allen heiligen Schriften um Beschreibungen von Gottes Offenbarungen in der Sprache, die der jeweilige Prophet gesprochen hat. In vielen Fällen war der "Empfänger" der göttlichen Botschaften nicht einmal des Schreibens mächtig. So beherrschten weder der Prophet Mohammed noch Jesus Christus noch der heilige Kabir den guten, literarischen Stil der Sprachen, in denen sie ihre Erfahrungen von Gott anderen mitteilten. Obwohl sie keine Literaten waren, sind die Botschaften, die sie der Menschheit vermachten, spirituelle Kleinodien, die das Wissen um Gott darlegen. Der bestechende Charme ihrer Botschaft liegt nicht etwa in der sprachlichen Gewandtheit, mit der sie vermittelt wird, sondern wurzelt in der Essenz des göttlichen Gesetzes. Die Bedeutung des Koran liegt also nicht in der Qualität der arabischen Sprache begründet, sondern in der Erhabenheit der göttlichen Weisheit, die darin zum Ausdruck kommt. Im Koran selbst steht häufig genug, daß die Botschaft nur deshalb in arabischer Sprache verkündet wird, damit sie den Arabisch sprechenden Bewohnern jener geographischen Gegend, in der der Prophet auftrat, leicht verständlich sei.

Der Koran vermittelt keine neue Botschaft, die nie zuvor bekannt geworden wäre. Die Behauptung, die Botschaft des Koran sei neu oder ohnegleichen, ist nicht richtig. In Wahrheit enthält der Koran nichts Neues, was noch in keiner anderen heiligen Schrift enthalten ist. Die Ansicht Hazrat Mirza Ghulam Ahmads, des Gründers der Ahmadiyya-Bewegung, wonach der Heilige Koran sich seit 1300 Jahren in seiner Unvergleichlichkeit, seiner beispiellosen Erhabenheit und der Einzigartigkeit seiner Sprache behauptet habe (vgl. *Hazrat Mirza Ghulam Ahmad,* Commentary on the Holy Quran. London, o.J. Bd.1, S.10-17), stimmt nicht mit den Lehren des Koran selbst überein, demzufolge er nichts Neues verkündet, sondern bestätigt, was schon früher offenbart worden war. Hält man sich die einander widersprechenden Koranauslegungen der unterschiedlichen Gruppen wie Devabandi, Bareillvi, Ahamadiyya, Schi'iten und Sunniten vor Augen, ist die angebliche, 1300 Jahre überdauernde Einzigartigkeit und Erhabenheit des Koran so nicht bewiesen. Tatsächlich haben all diese islamische Gruppierungen derart voneinander abweichende Auslegungen der verschiedensten Koranverse, daß sie in ihrer Auffassung vom Koran zu keinem Konsens, zu keinem gemeinsamen Verständnis ihrer heiligen Schrift gelangen können. Der Koran ist, wie wir bereits ausführlich dargelegt haben, nur durch göttliche Offenbarungen in seinem intendierten Sinn zu verstehen. Es steht ohne Zweifel fest, daß der Koran das göttliche Wissen bezeugt und beschreibt, aber ebenso unzweifelhaft steht fest, daß man dieses nicht ohne eigene, direkte Erfahrung von Gottes Offenbarungen richtig verstehen kann. Aus diesem Grunde ordnete der Prophet Mohammed an, allen Suren des Korans den Vers *Bismi llāhi r-raḥmāni r-raḥīmi,* vorzusetzen – das heißt, ohne göttliche Offenbarungen zu empfangen, ist niemand in der Lage, die nachfolgenden Korantexte richtig zu verstehen.

Die Sure *Al-Fātiḥa* hebt hervor, daß die wahren Attribute Gottes durch die Vermittlung seiner Manifestationen oder Offenbarungen an die Seele zu erkennen sind. Die Anhänger Mohammeds hatten zu seiner Zeit die Attribute Gottes auf diesem Wege selbst erfahren und richtig erkannt, und dieser Weg zur Gotterkenntnis wird auch in Zukunft Gültigkeit besitzen. Er ist der einzige direkte, "gerade" und segensreiche Weg zur Gotterkenntnis. Wer diesen Weg nicht einschlägt und auch nicht einhält, wird nicht ans Ziel gelangen, sondern im Kreislauf von Geburt und Tod herumirren. Der Koran selbst macht allen Behauptungen verschiedener Mullahs und Gruppierungen zum Trotz deutlich, daß er keinen neuen, einzigartigen Weg zu Gott verkündet, sondern einen Weg, der so alt und zeitlos gültig ist wie das ewige, unwandelbare göttliche Gesetz selbst.

In seinem oben erwähnten Kommentar zur Sure *Al-Fātiḥa* hat Hazrat Mirza Ghulam Ahmad von Qadian die sieben Verse der Sure in Beziehung zu den sieben Toren der Hölle gesetzt:
> "Da die Hölle sieben Tore hat, hat *Sūra Fātiḥa* sieben Verse. Jeder seiner Verse stellt in sich einen Schutz vor der Annäherung an die Hölle dar." (Ebenda, S.18)

Zum einen gibt es jedoch weder auf noch über noch unter der Erde eine siebentorige Hölle, und zum anderen weicht die koranische Verszählung der verschiedenen Kommentatoren voneinander ab. So gibt es Kontroversen um die Einbeziehung der Basmala in den Text der Sure *Al-Fātiḥa* (vgl. dazu auch: Rudi Paret, *Der Koran, Kommentar und Konkordanz*. Qum, 1981. S.11). Man ist sich nicht einig, ob *Al-Fātiḥa* in sechs, sieben oder acht Verse einzuteilen ist. In Wahrheit ist der ewige Kreislauf von Geburt und Tod in dem einen oder anderen physischen Körper auf Erden die Hölle. Zweifelsohne erklärt *Sūra Fātiḥa* jedoch, wie man mit Hilfe der offenbarten Formen Gottes aus dem höllischen Kreislauf von Geburt und Tod freikommt: die Erlösung wird durch die eigene direkte Erfahrung von Gottes Offenbarungen in der Seele möglich, und nicht durch das noch so häufige und inbrünstige Aufsagen der Verse von *Al-Fātiḥa*.

Die These, wonach die Eröffnungssure *Al-Fātiḥa* "jede Wissenschaft und jede Einsicht in sich birgt, alle Aspekte der Wahrheit und Weisheit umfasst, die Fragen jedes Suchers beantwortet und jeden

Gegner überwältigt" (s. Hazrat Mirza Ghulam Ahmad, ebenda. S.18), trifft ebenfalls nicht den Kern der Sache. Wenn diese Sure alles beinhaltet, was der Mensch zu seinem Seelenheil benötigt, worin bestünde dann die Notwendigkeit der Offenbarung des gesamten Koran? Diese Sure allein würde als Wegweisung und Ermahnung ausreichen. Es sei hier jedoch noch einmal angemerkt, daß diese Sure den "Schlüssel" zur vollkommenen und vollständigen Erkenntnis von allem, was wir zum Erlangen der Erlösung benötigen, beschreibt – nämlich die göttlichen Offenbarungen. Der Zugang zu aller wahrer Erkenntnis liegt in den Offenbarungen, die Gott der Seele gewährt und die sie bei der Heimkehr zu Gott geleiten.

Einer anderen, unter Anhängern des Islam weitverbreiteten Auffassung zufolge "spielt die Rezitation von *Al-Fātiḥa* beim Gebet mit voller Aufmerksamkeit und mit vollem Glauben an die Wahrheit ihrer Lehren eine große Rolle bei der spirituellen Erleuchtung". Was man gemeinhin unter spiritueller Erleuchtung versteht, wird jedoch mit Hilfe der inneren Offenbarungen Gottes errungen. Erleuchtung erreicht man in der Meditation, in der Schau der Offenbarung Gottes, und nicht durch das Aufsagen bestimmter Verse oder Gebetsformel. Die Manifestation Gottes in Form von Licht wird im Koran *al-Nūr* genannt, und in jeder heiligen Schrift, die bereits vor dem Koran offenbart wurde, findet man sie beschrieben. Im sogenannten "Lichtvers" des Koran (Sure 24:36) heißt es dazu:

Allah ist das Licht der Himmel und der Erde ...

und dies zeigt an, daß Gott das transzendente Urlicht aus sich selbst hervorbringt und sich darin zum Ausdruck bringt. Spirituelle Erleuchtung ist eine direkte Folge wiederholter Begegnung mit dieser Manifestation Gottes.

Die Anbetung Gottes (d.i. Gebet) besteht nicht in der Wiederholung von den Versen der Sure *Al-Fātiḥa,* sondern in der unmittelbaren Kommunion der Seele mit den Offenbarungsformen Gottes. Für diese Kommunion ist die Wiederholung von Worten nicht notwendig, ja, sie ist nicht erwünscht, denn die völlige Beruhigung und Abschaltung des Gemüts mit all seinen Ideen, Erinnerungen, Wünschen und Gefühlsregungen ist die erste zu erfüllende Voraussetzung, damit die Seele ungehindert die Verbindung mit den Offenbarungen Gottes eingehen kann.

Ansichten und Prophezeiungen wie die von Hazrat Mirza Ghulam Ahmad, wonach "die Zeit jetzt gekommen ist, in der alle Falschheit zugrunde gehen wird und keinerlei Verstellung und Finsternis bestehen bleibt und in der alle Religionen außer dem Islam sich auflösen werden" (ebenda, S.25), entbehren jeder stichhaltigen Begründung. Der Koran erklärt oft und eindeutig, daß die Einhaltung des geraden Pfades zur Gottergebenheit wie auch die Verirrung oder Abweichung davon dem Willen Gottes unterliegen, und zwar unserem bisherigen Handeln in Wort, Tat und Gedanke *(Karmas)* gemäß. Ebenso deutlich erklärt der Koran, daß alle, die in der Vergangenheit dem Pfad der göttlichen Offenbarungen folgten, zu den Rechtschaffenen gezählt wurden. *'Islām* bedeutet die Ergebung gegenüber Gott. Wer die Religion des *'Islām* als die einzige in Zukunft überlebende Religion proklamiert, hat nichts davon begriffen, daß *'Islām* nur mit Hilfe der Offenbarungen Gottes möglich ist, die jedoch in solchen exklusiven Gruppierungen unbekannt sind und deshalb nicht gepflegt werden. Wie kann einer, der *'Islām* und seine wahren Wege nicht versteht, den künftigen Siegeszug des *'Islam* durch die ganze Welt verkünden?

Gott hat zwei sehr wichtige Attribute: er ist überaus barmherzig, und er ist überaus gnädig. Diese Aspekte kommen in den Prophetennamen "Mohammed" und "Ahmad" zum Ausdruck, wie auch in den Begriffen *ar-raḥmān* und *ar-raḥīm*. Diese zwei Eigenschaften, Erbarmen und Gnade, sind nicht voneinander zu trennen, denn sie wirken aus und zusammen mit ihrer göttlichen Quelle. Die Vorstellung, Gott sei in alten Zeiten richtend und strafend gewesen und sei jetzt, nach der Verkündung der "neuen" Religion, barmherzig und gnädig, ist verkehrt. Gott ist zu allen Zeiten, von Anfang an bis in alle Ewigkeit, überaus barmherzig und gnädig, auch wenn er sich dabei an sein Gesetz hält.

In seiner kommentierten Übersetzung des Heiligen Koran schreibt Hazrat Mirza Tahir Ahmad, der vierte Nachfolger des Gründers der Ahmadiyya-Bewegung, über die zwei Arten von Gesetzgebung Gottes folgendes:

"Der Koran zeigt, daß Gott zweierlei Gesetze in Gang gesetzt hat, um den Menschen an seine Pflichten zu ermahnen und ihm auf dem Pfad des Fortschrittes voranzuhelfen. Das eine von diesen zweien ist das Naturgesetz, welches auf den Aspekt des materiellen Fortschritts der Menschheit bezogen ist. Da dieses Gesetz in keiner direkten Beziehung zum spirituellen Fortschritt des Menschen steht, zieht ein Verstoß gegen die Naturgesetze materiellen Schaden nach sich, erregt aber nicht das Mißfallen bzw. den Zorn Gottes. Das ganze materielle Universum wird von der Wirkkraft dieses Gesetzes angetrieben und in Gang gehalten. *Gott offenbart nichts mit direktem Bezug auf die Einzelheiten dieses Gesetzes.* Das zweite Gesetz ist das Gesetz des *Sharī'at*, welches den spirituellen Fortschritt des Menschen regelt ..." (The Holy Quran with English translation and commentary. Tilford, 1988. S. cclxvii)

Trotz dieser deutlichen Unterscheidung der zwei Sphären des materiellen Fortschritts einerseits und des spirituellen Fortschritts andererseits mit ihrer jeweiligen Gesetzgebung wird eine Vielzahl von Koranversen so übersetzt, als hätte Gott seine Zeichen für den materiellen Fortschritt oder für die Regelung sozialer Fragen offenbart. Darum sei es nochmals klargestellt, daß Gott sein Gesetz für das spirituelle Wohlergehen des Menschen offenbart, und nicht zu seinem materiellen Nutzen.

Wahrlich, Wir haben dich mit der Wahrheit entsandt, als Verkünder froher Botschaft und als Warner; und es gibt kein Volk, bei dem nicht früher schon ein Warner erschienen wäre. (Sure 35:25)

Der Koran betont, wie wir ausführlich dargelegt haben und dieser Vers nochmals belegt, die Wichtigkeit des lebenden Prophet für die Ermahnung und Rechtleitung der Menschheit. Die Verse von *Sūra Al-Fātiḥa* insbesondere und der Koran insgesamt fordern uns dazu auf, den segensreichen Pfad der Offenbarungen Gottes zu gehen, der sich unter der Führung eines lebenden Propheten vor uns entfaltet. Dies ist die wahre Wissenschaft der Spiritualität, die es bereits bei Lebzeiten in der Praxis zu erforschen gilt.

Soami Divyanand
Die Botschaft vom Schlachtfeld

200 Seiten, kartoniert
ISBN 3-926696-23-0

Preis: DM 24,80

Zu beziehen durch Ihren Buchhändler oder direkt von SANDILA GmbH Verlag und Versand
Sägestr. 37
D-7881 Herrischried
Tel.: 07764/334

Wie können wir den Kampf des Lebens bestehen? Die Bhagavad Gita rät uns in diesem Zusammenhang zu einer Lebenshaltung, welche die Bibel mit den Worten umschreibt: "In der Welt leben, ohne von der Welt zu sein". Der Weg, den die Bhagavad Gita weist, beinhaltet, das wir aufhören, für jede gute Handlung eine Belohnung zu erwarten; daß wir lernen, uns unabhängig zu machen vom Erfolg oder Mißerfolg unseres Tuns, so daß wir schließlich nur noch Gottes Willen akzeptieren.

Dieses Buch, mit zahlreichen Textbeispielen aus der Bhagavad Gita wendet sich an jene Menschen, die jenseits aller weltlichen Kriterien von Gut und Böse auf der Suche nach dem Ziel des Lebens sind und sich dabei ausschließlich vom göttlichen Willen leiten lassen wollen.

Der Autor erklärt den zu allen Zeiten herrschenden Krieg unter den Völkern als Spiegelbild und unausweichliche Folge der inneren Zerrissenheit des einzelnen Menschen. Nur wenn sich in seiner eigenen Seele dauerhafter Frieden entfaltet hat, kann er in der Welt Frieden stiften.

Soami Divyanand
Heilen durch den Geist

130 Seiten, kartoniert
ISBN 3-926696-21-4

Preis: DM 14,80

Zu beziehen durch Ihren Buchhändler oder direkt von SANDILA GmbH Verlag und Versand Sägestr. 37
D-7881 Herrischried
Tel.: 07764/334

Je mehr sich in den letzten Jahren das Bewußtsein vieler Menschen von den Krankheitsursachen gewandelt hat, desto größer wurde auch das Interesse am sog. geistigen Heilen. Inwieweit aber kann es einen kranken Menschen tatsächlich Heilen? Was ist im Unterschied zum Geistheilen mit "Heilen durch den Geist" gemeint? Diese und viele weitergehende Fragen greift der Autor in ungewöhnlicher Weise auf. Das Fazit dieses Buches lautet: Krankheit und andere menschliche Nöte rühren von fehlgeleitetem Lebensstil und Verhalten her, die sich unserer Seele aufprägen und somit zu weiterem "unheilsamem" Handeln Anlaß geben. Auf dieser spirituellen Ebene, die jenseits von Körper, Verstand und Emotionen liegt, setzt das "Heilen durch den Geist" an. Es ist der alles durchdringende – und daher allwissende und allmächtige – Geist Gottes, der unsere Heilung, unser Heil bewirkt: Durch die Begegnung mit seinen Ausdrucksformen in der Meditation wird die schicksalsträchtige Prägung unserer Seele aufgehoben und durch göttliche Weisheit ersetzt.

Soami Divyanand
Vorsicht Sekte

150 Seiten, kartoniert
ISBN 3-926696-18-4

Preis: DM 16,80

Zu beziehen durch Ihren Buchhändler oder direkt von SANDILA GmbH Verlag und Versand Sägestr. 37 D-7881 Herrischried Tel.: 07764/334

Die von den Kirchen so eifrig verbreitete Warnung vor "Sekten", insbesondere aus Fernost wird im vorliegenden Buch zum Bumerang, der das heillos zersplitterte Christentum selbst trifft.
Seit seinen Anfängen als organisierte Religion – seit den Aposteln und insbesondere Paulus – trug es den Spaltpilz in sich: nach dem Tod des wahren Gottesboten Jesu wurde die göttliche Botschaft durch fragwürdige Dogmen ersetzt, die nicht der Erleuchtung der Gläubigen, sondern der Macht der selbsternannten Lehrer dienten. Zu ihren Lebzeiten führen wahre Gottessöhne wie Jesus, Buddha, Krishna und andere ihre Jünger durch unmittelbare innere Offenbarungen zum Gottesbewußtsein. Nach ihrem Tod werden sie von ihren angeblichen Stellvertretern als Kultfiguren benutzt, in der Absicht, sich damit Einfluß, Macht und ein volles Säckel zu sichern.
Der Anspruch auf den alleinigen Wahrheitsbesitz, wie er auf die eine oder andere Weise von allen Religionen erhoben wird, ist ein Fluch, der die Menschheit daran hindert in Frieden und Harmonie zusammenzuleben.

Elvira Glöckner/
Inge Schedlbauer
Vegetarisches Kochbuch
900 Rezepte aus Getreide,
Mich-und Sojaprodukten,
Gemüse und Früchten

552 Seiten, dekorativer,
abwaschbarer Einband
ISBN 3-926696-19-2
Preis: DM 29,80

Zu beziehen durch Ihren
Buchhändler oder direkt
von Sandila GmbH, Verlag
und Versand, Sägestr. 37,
7881 Herrrischried, Tel.
07764/334

Der Vegetarismus ist heute so aktuell wie nie zuvor: denn immer mehr Menschen lehnen aus den verschiedensten Gründen den Fleischverzehr ab.
Hier wurde in Teamarbeit ein vegetarisches Kochbuch zusammengestellt, das diesem Bedürfnis Rechnung trägt. In nicht weniger als 900 Rezepten finden Sie von schmackhaften Salaten bis zum feinsten eilosen Gebäck, von kräftiger Hausmannskost bis zu exotischausgefallenen Speisen eine Vielfalt, wie sie die herkömmliche Mischkost nicht zu bieten hat – selbstverständlich in Vollwert-Qualität!
Besonders hilfreich: Einfache Rezepte sind extra gekennzeichnet, ebenso Rezepte für Singles. Jedem Kapitel geht ein ausführlicher Kochkurs voraus. Dazu werden Menuevorschläge gemacht, die jeder Tafel zur Ehre gereichen!
Eine Liste mit ausgefalleneren Produkten (z.B. bestimmte Gewürze, usw.) mit ihren jeweiligen Bezugsquellen wird Ihnen den Einkauf erleichtern.